U0750364

中小学教育智慧文库

ZHONGXIAOXUE JIAOYU ZHIHUI WENKU

探寻教育的密码

先锋教育特色文化建设理论与实践

蔡汉棠◎著

暨南大学出版社

JINAN UNIVERSITY PRESS

中国·广州

图书在版编目（CIP）数据

探寻教育的密码：先锋教育特色文化建设理论与实践 / 蔡汉棠著. —广州：暨南大学出版社，2022.10
（中小学教育智慧文库）
ISBN 978-7-5668-3471-3

Ⅰ.①探… Ⅱ.①蔡… Ⅲ.①小学教育—教育研究 Ⅳ.① G622.0

中国版本图书馆 CIP 数据核字（2022）第 146073 号

探寻教育的密码：先锋教育特色文化建设理论与实践
TANXUN JIAOYU DE MIMA: XIANFENG JIAOYU TESE WENHUA JIANSHE LILUN YU SHIJIAN
著　者：蔡汉棠

· ·

出 版 人：张晋升
责任编辑：黄文科　冯月盈
责任校对：孙劭贤
责任印制：周一丹　郑玉婷

出版发行：暨南大学出版社（511443）
电　　话：总编室（8620）37332601
　　　　　营销部（8620）37332680　37332681　37332682　37332683
传　　真：（8620）37332660（办公室）　37332684（营销部）
网　　址：http://www.jnupress.com
排　　版：广州慧质文化活动策划有限公司
印　　刷：佛山市浩文彩色印刷有限公司
开　　本：787mm×1092mm　1/16
印　　张：15.75
字　　数：240 千
版　　次：2022 年 10 月第 1 版
印　　次：2022 年 10 月第 1 次
定　　价：69.80 元

（暨大版图书如有印装质量问题，请与出版社总编室联系调换）

前　言

　　百年先锋，赓续传承。先锋者，以"逢山开路，遇水搭桥"的气魄，形成开拓进取、时代担当的"先行者"精神。先锋人凭着先行者的担当与勇气，培育出中国轮滑第一个世界冠军——范楚倩，从此，不甘人后、追求卓越的冠军精神成为先锋文化的重要组成部分。

　　作为先锋小学的校长，首先要把自己融入"先锋"，把自己彻底地转变为先锋人，才有资格当好"当家人"。笔者正是凭借着先行者的担当——我们今天所做的不一定是最好的，但一定是对后来者具有重要价值的。凭着这份执着，我们致力于学校的文化溯源与重塑、文化应用与成果，对先锋文化进行寻根与创新，初步形成了先锋教育特色文化，实现学校内涵式发展。

　　本书由上、下两编组成。上编围绕先锋文化溯源与重塑展开。文化溯源——赓续百年，寻根问源。2021年3月，先锋小学正式被广州市教育局确认为"百年老校"，这是第一次以官方名义确认了"百年先锋"的深厚底蕴。百年校史的认定，使先锋教育变得更有价值。以史为镜，可以明智。知过去，研当下，方能致远。笔者任先锋小学校长以来，始终把校史研究放在办公桌面上，用时六年，整理了半部先锋小学教育史，建成了一个开放式的先锋小学校史室，完成了一件历届先锋小学校长多年来想做而始终没完成的事。在整理先锋小学校史的过程中，笔者反复推敲，大胆思考，广泛求证，几易其稿。为了使先锋校史易于传播，笔者以故事的形式进行收集整理。通过反复研究每一个校史事件，挖掘

文化元素，探寻先锋教育密码。文化重塑——文化"聚魂"，顶层设计。通过对先锋教育元素的反复研讨，初步完成了先锋教育文化的重塑，推进了先锋小学教育内涵式发展。历经五年多时间，以百年先锋小学（文峰小学、前锋小学）教育文化之根为依据，提炼先锋教育文化个性，形成了较为完备的先锋教育理念体系，提出了"今天做最好的自己，明日当各界的先锋"的先锋小学培养目标。先锋教育文化的重塑，赋予了先锋教育特色内涵，使学校教育教学在理念上全方位得到支撑，让学校在长远发展中拥有了强劲动力，实现学校的可持续发展。

下编聚焦先锋文化应用与成果，展现先锋文化项目实施及文化融合的成果。对课程体系实施主题化、系列化管理，给先锋小学课程赋能，让先锋小学课程更具有先锋个性，培育领潮争先的先锋学子。本书重点对地方课程、校本课程进行文化赋能实践，不断重塑先锋教育特色文化。

百年沧桑，唯有正道。历届的先锋校长，正是凭借着对先锋小学的衷心热爱，倾其心力，引领先锋小学"百年老校"走向"百年名校"。一个民族不能没有英雄，一个时代不能没有先锋。尔乃世之先锋！

蔡汉堂

2021 年 10 月

目录
Contents

上编
先锋文化溯源与重塑

探究百年先锋文脉，赓续百年先锋底蕴，重构先锋教育文化，打造先锋教育特色。

第一章　承百年史脉，蕴先锋文化

> 求木之长者，必固其根本；欲流之远者，必浚其泉源。百年先锋底蕴深厚，多少仁人志士为之而奋斗，唯有继承发扬其精神，方能致远。

第一节　寻源先锋，百年风华

导言

笔者走访番禺区文化馆、档案局、教育局、市桥街道办等部门，向老校长李淑仪、黄润森等老先锋人，以及万志成、何志丰等先锋名人细心求证，梳理了先锋小学的办学历史，形成了半部先锋小学教育史。希望给后来者提供有价值的研究资料，更希望后来者继续编修先锋办学史，成就百年先锋梦。

广州市番禺区市桥先锋小学（下文简称"先锋小学"）现校址是广州市番禺区市桥街光明南路69号，原校址是广州市番禺区市桥前锋大街36号，2010年9月搬至现校址。先锋小学前身是文峰小学，据《番禺县志》记载，文峰小学于1925年正式成为乡立小学，至今已有近百年历史。百年积淀，底蕴深厚，先锋小学培育出大量各行各业的精英，形成深厚的先锋教育文化。近年来，先锋小学秉承"传承与发展"的原则，全面打造先锋教育特色文化，形成了鲜明的教育特色，促进了先锋教育高水平、高质量发展。

为方便后来者更好地研究百年先锋教育，笔者通过走访番禺区文化馆、档案局、教育局、市桥街道办等部门，对先锋小学的百年办学历史进行了梳理，希望给后来者提供一些有价值的研究资料。

一、起源文峰，领潮争先

20世纪初，乡中教育多为私塾，"子曰店"不下10多间，其中颇有盛名的塾师就有谢文峰祠学校的谢作楫。谢文峰祠学校以开化民智、培育乡梓为办学宗旨，开市桥教育先河，成为当时当地办学的代表。谢文峰祠学校是先锋小学的前身，当时所收的学梓多为谢姓子女，谢家是仕宦人家。谢文峰祠学校以砖木结构为主，间有蚝壳墙体和石基结构，有三进的门厅、大厅、藏书阁，采用镬耳山墙、龙船脊的建筑形式，颇具岭南建筑特色。

1921年2月15日，广州市政厅成立，广州正式设市，番禺县府仍居于广州市内；1933年，番禺县府从广州老城区移至新造。20世纪20年代末30年代初（据考究，约1925年），番禺县府责令各乡兴办学校，文峰小学（谢文锋祠学校）正式成为首批乡立小学。文峰小学男教员西装革履，女教员短发旗袍，男女生同校同班，打破了当时"男女授受不亲"的封建思想，社会风气为之一新。当时，文峰小学以教育强国、教育兴国为己任，其学制、课程皆模仿西方国家的教学模式，开设科目有国文、算术、史、地、自然、图、工、音、体、童军操练等。文峰小学与时俱进，敢为人先，以"引领教育新风的先行者"为办学精神，实施童军操练，教学中西结合，高举教育强国鲜明旗帜，成为当时新教育的先行者。由于谢氏是当地的望族，是市桥乃至番禺的大族，重视教育是家规、族规，当时的文峰小学成为区域中的"领头"学校。

抗日战争期间，1938年市桥沦陷（汪精卫伪番禺县府驻广州市东山区），文峰小学被迫暂时停办。1940年左右，香港沦陷后，大量的港澳同胞涌入市桥，市桥人口暴增，文峰小学率先复校办学，以教育救国为己任，以爱国为底色，将"勇于担当"精神作为立校之本。

1945年抗日战争胜利后，番禺县府移至市桥。文峰小学在最艰难的时期仍初心不改，克服重重困难，以时代担当精神，坚持高举教育强国的旗帜，潜心教书育人。不畏艰难，迎难而上，成为这一时代文峰人的精神品质。

二、先锋诞生，勇于担当

1949年10月23日，解放军和平解放市桥。当日中午，在番禺独立团的配合下，解放军先头部队（粤赣湘边纵队参谋长严尚民率领的两个主力团）开进市桥。解放军骑马开路，后面是身穿灰色军衣、精神抖擞、两两对齐的步兵，紧接着的是机械方阵，一行人浩浩荡荡，经大北路进驻市桥中心点——谢地大街。解放军驻军谢氏祠堂（文峰小学办学地），为新政府临时办公地，市桥的和平解放标志着番禺全境解放。大北路两旁站满了群众，大家不约而同地欢呼欢迎解放军，迎接和平、迎接新时代的到来。

为纪念这一历史事件，此处的主巷道被更名为先锋巷。之后，人民政府接管文峰小学，文峰小学更名为"先锋巷小学"，后称"先锋小学"（在番禺区教育局文化档案中，从1952年开始，先锋巷小学就变成"先锋小学"。自1956年起，统一称为先锋小学，一直沿用至今）。先锋小学这一校名寓意深远，"先锋"为人民解放军先头部队的寄意，寓意"逢山开路，遇水搭桥"，勇于担当，敢为人先，开拓进取，争当先进。解放军开拓进取、勇于担当的先行者精神深深植根于每一位先锋人心中，红色革命文化成为先锋教育文化中不可或缺的一部分。

到了"文化大革命"期间，先锋小学曾经多次更名，曾用名：纸盒厂小学、橡胶厂小学等，但每次更名，始终不忘"先锋小学"名号，每一个先锋人，包括番禺县教育局的工资单上，一直坚守着"先锋小学"的名号。

秉承优秀的办学传统，先锋小学在李淑仪等一批老校长的执着努力下，办学品质节节高升，获得社会的高度赞誉，成为番禺教育的领潮学校，与当时的永红小学（后来的市桥中心小学、桥东小学）、南阳里小学并称番禺小学教育的"三驾马车"。先锋小学尤以教学质量佳著称，许多家长都奔着先锋小学的教育质量，为孩子报读先锋小学。

此外，先锋小学以创新精神引领教研改革，先锋教研成为支撑先锋优质教学质量的坚实平台，先后走出黎明、潘文清等一批名校长，邬卓慧、曹利娟等一大批著名的教学研究专家，彭佩华等一批特级教师。先锋小学还培养了万志成、麦洁平、范楚倩、何志丰等一大批各行各业的精英人才。

三、顺应时代，开办前锋

1958 年，县里学生人数剧增，为满足众多学生的教育需求，番禺县政府大兴学校，在与先锋小学一巷之隔的地方（即原前锋大街）开办前锋小学。前锋小学在一间规模不大（一层平房）的祠堂里办学，当时的办学规模是 6 个班的全日制小学。前锋人凭着对学生的爱、对教育的执着，以优良的教育质量赢得了家长和社会认可。前锋小学与先锋小学虽有着一巷之隔，但"兄弟"情深，办学理念相通，都有着不甘人后的优秀品质，这为两所学校后来的合并奠定了基础。

四、两校合并，卓越发展

1993 年 9 月，因先锋小学与前锋小学两所学校占地较少，规模较小，不利于学校的发展，经番禺市政府①决定，两校合并。两个学校合并为一个学校后，打通了两个校区中间的巷子，原巷子进行了改道，使得学校总占地、规模得到扩大，为学校的发展提供了良好的条件。经政府相关部门商议，决定使用"先锋小学"校名，由原前锋小学校长黄润森任合并后的先锋小学第一任校长，继续发扬先锋小学优良的办学传统。

五、不甘人后，冠军精神

先锋小学培养出了中国第一个轮滑运动世界冠军——范楚倩。这是先锋小学的骄傲，也是中国的骄傲。

1993 年，先锋小学确立轮滑运动为学校重点发展的体育项目，并对全校的先锋学子进行选拔，培养出了一大批轮滑之星。先锋学子凭着"不甘人后、勇于争先"的精神，屡获佳绩。其中，2009 年 9 月 26 日，先

---

① 1992 年 5 月，国务院同意撤销番禺县设立番禺市（县级）。

锋学子范楚倩代表中国队参加在浙江省海宁市举行的世界轮滑锦标赛，在轮滑马拉松项目决赛中，一举夺得中国第一个轮滑运动世界冠军，圆了中国几代轮滑人的梦，书写了中国轮滑历史上辉煌的篇章。先锋小学成为番禺区①唯一一所培养出世界冠军的学校，冠军精神正式成为先锋小学的立校精神，成为激励先锋学子的教育信念，是百年先锋精神的集中表现之一。

六、迁校发展，追求卓越

为了实现先锋小学的跨越式发展，2010 年 9 月，学校将校址迁至光明南路 69 号（原番禺区市桥中学校址）。学校搬出胡同小巷后，地理位置、占地面积等办学条件有了很大的改善，迎来了新的发展机遇。先锋人在新的起点上，继续传承先锋精神，始终践行"上品教化"②升级版，努力做好番禺教育。

百年先锋历程，积累了一代又一代先锋（文峰、前锋）人的教育情怀，有孜孜教诲，有不畏艰辛，有执着追求，更有一片丹心。一代又一代的先锋人，不忘初心，步步前行，造就桃李满园，始终践行为国育才的初心使命。

拓展阅读：

近代番禺年历表

1921 年 2 月 15 日，广州市政厅成立，广州正式设市。番禺县府仍居于广州市内。

1933 年，番禺县府从广州老城区移至新造。抗日战争期间，番禺沦陷后，原县政府迁至三水、沙坪、威井等地（汪精卫伪番禺县府驻广州市东山区）。

---

① 2000 年 5 月，国务院同意撤销番禺市（县级），设立广州市番禺区。

② "上品教化"是广州市番禺区"大教育"的发展理念，"上品"的内涵是指优质高效。"上品教化"发展理念的通俗概括是：创高效课堂、建特色学校、办优质教育、教合格公民。

1945 年抗日战争胜利后，番禺县政府移至市桥。

1949 年 10 月番禺解放，隶属广东省珠江三角洲地方军事管制委员会。

先锋小链接 1

先锋小学的百年发展离不开根源地：谢地大街。谢地大街是谢氏宗祠所在地，是原谢氏族人的居住地。先锋小学的前身文峰小学的诞生地就是谢氏宗祠，是原谢氏宗族为教化谢氏族人而开办的私塾，教学的地点就在宗祠。因此可以说，先锋小学的诞生地就在谢氏文峰祠。

"谢地大街"文化根脉

谢地大街是番禺市桥有名的古街巷。街巷里出过不少古代名门望族，目前，该街巷仍保留完整的古街巷和古建筑。

说到"谢地大街"，首先要介绍谢姓。"市桥谢氏向抢元，名乡望族可称尊。由来科举连绵发，英国勋衔港议员。"这是旅外邑人黄煊先生所写的一首题为"市桥谢氏"的竹枝词，短短四句却充满对谢姓的赞美之情。

谢姓历史悠久，源远流长。该姓起源自西周周宣王时期，周宣王姬静封自己的舅舅姜申伯于谢，筑谢城立谢国（在今河南省），后申伯子孙以国为姓。故申伯是谢姓始祖。随后，谢国人向南迁徙，经过定居、繁衍等历程，终于成为南国显族大姓。申伯封谢后有一批不愿做附庸的谢人离谢邑而去，到春秋初年先后迁至四川、湖南等地，遂把种族繁衍到包括广东粤北等全国各个角落。

市桥谢氏也是历史名门望族。一如《市桥谢氏》诗中所说，过去谢姓与名乡市桥的吴、黎、韩、李、张姓同是望族，在南宋开禧年间由南雄珠玑里迁入番禺（今广州白云区江高镇）定居，始祖为六郎，字忠卿。据市桥谢氏族谱记载，市桥谢氏始祖是文峰公，他生于元代，是从大田村（现江高镇）迁来市桥的，时约为元代。谢姓定居市桥后，人口快速增长，到清末民初成了市桥人口最多的大姓。而族人聚居最稠密的地方是昔日有名的通衢"谢地大街"。此街由东向西横贯市桥中部，东端接连大北路，西端通连德门街（今光明南路）。谢姓人有一座比较大的祠堂——崇本堂，就坐落此街的中段（即今前锋大街103～104号的教师宿舍处）。祠堂坐北朝南，门口左右各有1米多高的炮台，面对着颇宽的天街（现已建起先锋小学教学楼），天街四面是围墙，东、西二墙分别有门出入，门额镶一块麻石匾，镌刻有楷字，东门名"芝兰"，西门叫"玉树"。人们称谢地大街东段（今前锋大街1～34号）为芝兰里，谢地大街西段（今前锋大街38～56号）为玉树坊。此外，大北路的凤岭坊（与芝兰里隔路相对）等街巷，都是较多谢姓人聚居之地。

据记载，历史上谢氏出过不少重要人物，例如，东晋时期，在朝中任职最显赫的是宰相谢安，继嗣名臣名将辈出，遍布朝野。至南朝孕育出山水诗人谢灵运（谢安之侄谢玄之孙，均是河南人）。过了近50年，又出现了另一著名山水诗人谢朓。谢灵运、谢朓为谢家开创了一个文学天地。谢姓后裔的市桥谢氏族人，在明、清朝代参加科举考中功名的人不少，举人以上有：明代处士谢士聪、谢宁，进士谢与思，举人谢元光、谢天贶、谢奖等；清代举人谢禹翱、谢堋、谢圣辂、谢光国、谢敦源、谢光铺、谢名鹏，武举人谢天显、谢大韬等。族人历世还涌现出众多文人雅士，他们吟咏唱酬，收录在清代乾隆年间的《市桥谢氏诗存》一书就有古、近体诗400余首，作者50多人。该书从不同角度反映了番禺的文明历史，谢氏乃市桥望族亦可见一斑。新中国成立初期，移居香港的著名书画家谢熙、广州书法家谢锴及因举家移居天津后出生的电影艺术大师谢添，原籍均是市桥。

谢氏名人

东晋：宰相谢安

南朝：山水诗人谢灵运（谢玄之孙）、谢朓

明代：处士谢士聪、谢宁，进士谢与思，举人谢元光、谢天贶、谢奖

清代：举人谢禹翱、谢堋、谢圣钠、谢光国、谢敦源、谢光铺、谢名鹏，武举人谢天显、谢大韬

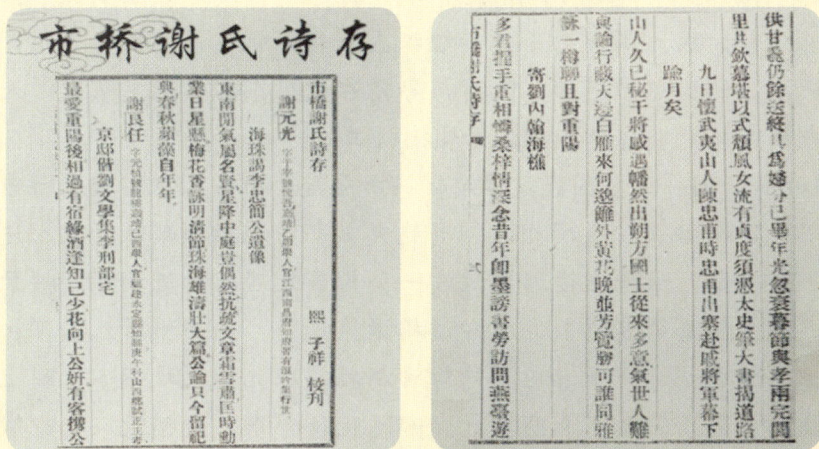

图 1-1　市桥谢氏诗存

先锋小链接 2

先锋小学"红色文化"的由来①

先锋小学的由来，与解放军解放市桥有着密切的联系。因解放军和平解放市桥，先头部队驻扎在文峰小学，为纪念这一历史事件，文峰小学更名为先锋小学。先锋小学因此具有了鲜明的"红色文化"印记。

市桥解放前夕，番禺发生了这些事：

1949 年 9 月，广州东北郊人民游击队和禺南武工队组成粤赣湘边纵

---

① 番禺市地方志编纂委员会办公室. 番禺百年大事记：1900—1999 年 [M]. 广州：广东人民出版社，2000.

队番禺独立团，设两个营共600多人。郑吉任团长，周健夫任政委，廖安任政治处主任。

1949年10月初，在中共地下党的领导下，市桥各界人士组成和平解放市桥委员会。该会派出代表与部队代表在傍江村①举行和平解放市桥谈判会。

10月13日，中国人民解放军粤赣湘边纵队东江第三支队第六团进驻禺北江村，成立禺北办事处，组织武装和筹粮支前。同日，广州东北郊人民游击队进驻沙河镇，随后与粤赣湘边纵东江第三支队政工人员联合组成禺东接受委员会，积极开展接收工作。

10月15日早上，国民党保安团一加强连100多人从石楼开往市桥，路经石碁时与番禺独立团相遇。周健夫、郑吉即指挥部队向敌人进攻。经过一阵冲杀，敌分散溃逃。敌方一个排窜入石碁附近祠堂，被独立团包围，独立团击毙其排长，敌方该排缴械投降。另一排窜入石碁村心坊炮楼，据险顽抗，战士郭应在冲锋时牺牲，独立团久攻不下。晚上，番禺独立团找俘虏喊话，表明共产党部队优待俘虏，炮楼敌人全部缴械投降。此战，番禺独立团击毙敌排长1人，俘虏40多人，缴枪40多支。

10月18日，番禺独立团派崔大嘉到国民党广州市南郊沥滘乡警察分局接收武器，共计长短枪180多支、子弹2万余发、手榴弹10多箱、小汽船1艘。这批装备对充实番禺独立团的装备和稳定沥滘及附近乡村的局势、安定人心起到很大作用。

10月21日，番禺独立团派出联络人员杨刚在石楼茭塘迎接由严尚民参谋长率领的粤赣湘边纵队主力部队。

10月23日，番禺独立团配合由边纵参谋长严尚民率领的两个主力团进军市桥，国民党政府代理县长、县党部书记、自卫总队长等已闻风而逃。番禺全县宣告解放。部队进城后，立即张贴布告，成立中国人民解放军市桥军事管制委员会（以下简称"军管会"），周健夫任军管会主任；成立番禺县支前指挥部，曾谷任指挥部主任，曾劲夫任副主任。军管会成立后，立即组织力量，接收国民党番禺县政府及各机关。

① 《番禺文史资料》中记载的是石岗村。

第二节　寻码先锋，立校根本

导言

　　以史为鉴，立根先锋小学的百年教育历程，寻找代代相传的教育精神财富，方能给百年先锋教育"聚魂"，重塑先锋教育文化内涵，为先锋小学的教育规划与发展做理性思考，统领先锋小学昂首奋进。

　　先锋小学建校以来，历经近百年风云，仍熠熠生辉，焕发百年风华。先锋文化是基于"百年先锋"教育的沉淀，以先锋精神与冠军精神为代表的主要文化内涵，形成先锋教育特色文化。

一、爱国主义精神

　　从文峰祠私塾对族人教育启智、传承谢氏家风起，到民国归于乡属学校，创办新学校，文峰小学完成了从教育兴家到教育强国的华丽提升，经历了从"小家"到"国家"的转变，为今后的先锋小学留下爱国主义的教育底色。

　　更名"先锋"后，秉承革命"先行者"精神，先锋小学增添了现代红色革命文化，把解放军先头部队的"逢山开路，遇水搭桥"的革命担当，转化为先锋小学"今天做最好的自己，明日当各界的先锋"的教育培养价值追求，担负起"为党育人、为国育才"的责任。同时，融合中国少年先锋队内涵，把先锋队作为学校教育的重点，引领区域发展，培育出一代又一代引领少年儿童健康成长的杰出学生代表。

　　确立轮滑发展项目后，先锋小学就树立了为国争光的远大理想。这一理想，在 2009 年由先锋学子范楚倩集中体现。在先锋学子范楚倩的奋进下，在轮滑世界锦标赛上，第一次升起了中国国旗，成就了中国轮滑人多年的"中国梦"。

爱国主义成了贯穿文峰小学、前锋小学、先锋小学发展的一条主线。

二、"先行者"精神

"先行者"精神指的是开拓进取、时代担当。

1949年11月，解放军先头部队解放市桥，进驻文峰小学。为纪念此历史事件，文峰小学更名为先锋小学。先锋之意为：解放军先头部队驻扎的地方，先锋小学传承先头部队的"逢山开路，遇水搭桥"的革命担当，融合岭南文化，形成开拓进取、时代担当的"先行者"精神。

《现代汉语词典（第7版）》中解释"先锋"二字为：作战或行军时的先头部队，比喻起先进作用的人或集体。先者，第一也，先知先觉，先行先试，敢为人先，领潮争先（引领先河）。学校更名"先锋"，就是把解放军先头部队"逢山开路，遇水搭桥"的精神植入学校教育基因，形成"先知先觉、先行先试、勇于担当、开拓进取"的精神文化。历代校长秉承开拓进取、勇于担当、勇于改革创新的传统，培养出一大批优秀的先锋学子、社会各行各业的精英人物。

先锋精神的核心是"先行者"精神，即具有"逢山开路，遇水搭桥"的气魄。学校据此作出"我们今天所做的不一定是最好的，但一定是对后来者具有重要价值的"的庄严承诺；先锋人具有严谨的办学态度与情怀，这是他们身上具有的独特气质。

三、冠军精神

在20世纪90年代，先锋小学便把轮滑列为学校体育重点发展项目，是当时本区域最早把轮滑教育列为学校教育项目的学校。2009年11月，先锋学子范楚倩入选国家队，代表中国队在浙江海宁参加轮滑世锦赛，一举夺得中国第一个轮滑世界冠军，改写了中国轮滑史，成为中国轮滑史上一个里程碑式的人物。从此，冠军精神在先锋小学扎根成长。

冠军精神包含着拼搏的力量与顽强的意志。要赢，必须先学会输。赢，敢当先，学赢之道；输，不气馁，反思总结，重新出发，越挫越勇，执着拼搏，追求卓越。具备哪怕落后也不气馁的底气，不怕输，不服输；具有争先、当先的勇气，不甘人后，步步争先；具有锋从砺出的志气，无畏风霜，勇毅前行。

冠军精神包含"先"——领潮争先，卓尔不凡，不甘平庸，积极进取，自强不息，锐意进取。冠军精神修"先"之路在于"锋"——锋从磨砺，目标坚定，意志坚忍，刚强果敢。

冠军精神泛化为日常教育意义，即是今天做最好的自己，明日当各界的先锋。今天做最好的自己，即在每一个先锋学子个性发展中，教师在孩子天赋所在的地方点一盏灯。每一个学生都不一样，我们尊重每一个学生的特长、特性，包容与尊重他们的不同。引导学生好好认识自己，让他们首先成为自己，然后不断完善自己、发展自己，争当最好的自己，当自己的先锋，提升自我意识、发展意识，树立卓越观念，追求成功，勇敢地成就自己。我们寄望先锋小学培育出来的学生，将来都能成为社会各行各业中有用的人才，且在不同的行业中，勇毅果敢，追求卓越，成为各个行业中的先锋。

近年来，笔者提出了"以冠军培育冠军，以冠军传承冠军，以冠军阐释冠军"的口号，即以全国轮滑冠军教师专业化培养学生，一代代传承冠军精神；在各个方面，以一个又一个的冠军，实践冠军精神。

四、领潮精神

日月其迈，岁律更新，大风泱泱，大潮滂滂。时代在行，我们在行，时代在新，我们同新。时代不断赋予先锋人新的使命与责任，激励我们勇往直前。从文峰小学到先锋小学，都透露着不甘平庸、追求卓越、勇于开拓、敢为人先的精神，表现出引领潮流的勇气与担当。

学校在文峰小学开办时期就与众不同，以"中西文化融合"为引领，在本区域首先参考西方课程设置，践行"兼容并济、与时俱进、敢为人先"的教育思想，实施男女生同校、男教员西装革履、女教员短发旗袍等，崇尚与众不同，引领时尚风潮。

20世纪90年代，轮滑作为当时的时尚运动传入中国，并开始流行。1993年，先锋小学作为番禺第一所提出"以轮滑作为学校重点发展项目"的学校，确定了先锋小学体育运动发展方向，轮滑成为学校师生最热门的运动爱好。从此，先锋小学轮滑成为社会的一面时尚旗帜，再一次引领时尚潮流。

近年来，先锋小学先后取得首批"全国冰雪运动特色学校"、广东省首届"书香校园示范校"等荣誉称号，很好地传承着领潮精神。

为纪念先锋小学百年历史，传承先锋精神，学校设立了先锋堂（开放式的校史室），笔者创作了《先锋堂记》。

先锋堂记

百年沧桑，唯有正道。

创校文锋，开启民智，造福社会。立国之初，冠以"先锋"，开拓进取，勇于担当。二〇〇九，诞生冠军，卓尔不凡，彰显先锋。

先锋者，步步争先，锋从砺出。先锋者，今天，为自己之先锋；明日，为社会之先锋。先锋者，学先、争先、当先。先锋者，先知先觉，领潮争先。

吾乃世之先锋。

2016 年秋写于先锋小学

先锋小链接

先锋小学历任校长

★ **先锋小学**

年份	姓名
20 世纪初（文峰小学）	谢作楫
1949 年（更名为先锋小学）	谢巨翔

（续上表）

年份	姓名
（不详）	朱木葵
1954 年	李淑仪
1959 年	徐灿基
1961 年	李淑仪
1961 年	徐灿基
1965 年	黎湛彬
1969 年	李淑仪
1989 年	李巨流
1992 年	何家富
1993 年（先锋小学与前锋小学合并为先锋小学）	黄润森
2000 年	黎明
2004 年	黄树楠
2009 年	关丽佳
2016 年	蔡汉棠

★ 前锋小学

年份	姓名
1958 年	何淑端
1965 年	欧宝佳
（不详）	欧阳金云
（不详）	谢丽卿
1982 年 1—7 月	黄高华
1982 年	黄润森

第二章　探教育脉搏，建先锋体系

我们今天所做的不一定是最好的，但一定是对后来者具有重要价值的。这就是先锋小学的先行者精神。先行者，逢山开路，遇水搭桥，勇于担当，敢为人先，是先锋人身上鲜明的文化印记。

第一节　上下求索，追求本真

导言

一所学校的教育理念并非凭空想象而来的，而是根据一定的理论，加以研究、借鉴，使之最珍贵的内核内化为学校教育理念的灵魂。先锋教育是主张回归人性的教育，其体系建构是基于核心素养倡导的培养适应未来生存和发展的人才，以及"适合的教育"，立足学生为本的理念。

要想推动学校科学发展，需理念先行。当下，各流派的教育思想涌现，各有长短。结合学校实际，以一种科学的教育理念统领学校教育，更有利于形成学校教育理念共识，更有利于形成教育协同，更有利于提升教育效能。为寻一条科学、合理的理想发展之路，先锋小学上下求索，学习世界各地教育实践，探寻教育本真。基于核心素养，学校对"适合的教育"等教育理念加以研究思考，借鉴了项目学习的相关实践，最终完成先锋教育体系的理论建构。

一、核心素养

基础教育关注生活世界，注重生活的教育意义和教育对儿童生活的建构，是世界基础教育改革的基本特征。第二次世界大战以后，在欧美国家基础教育改革中，始终凸现共同的新思潮内核：教育与生活的融合。从中外教育史的角度看，教育与人的生存、生活，与人生的关系问题，是贯穿整个教育史的基本问题。

联合国教科文组织从成立开始就一再强调基础教育与儿童生活的联系。1972 年，被誉为当代教育思想发展史里程碑的《学会生存——教育世界的今天和明天》一书由联合国教科文组织国际教育发展委员会完成，书中鲜明地提出了基础教育"为了生存"和"学会生存"这一主题。而面向 21 世纪的《教育——财富蕴藏其中》（又称"德洛尔报告"）也明确提出，面向 21 世纪，教育要培养学生掌握 4 种本领：学会求知（learning to know）、学会做事（learning to do）、学会共同生活（learning to together）、学会生存（learning to be），这 4 种本领被称为 21 世纪教育四大支柱；2003 年，又提出了第五大支柱"学会改变"。可以看到，在"学会共同生活"作为重要支柱的背景下，基础教育已被视为"走向生活的通行证"，每一位教育者必须关注和解决这一重要课题。如果说四大支柱向教育提出的是"学会生存"的命题，那么核心素养（key competencies）则是尝试对这一命题做出回答。

核心素养具体指什么？对于这一问题，国际上的回答各有千秋。不过，对比各个国家和地区提出的关于核心素养的概念及内涵，无论是哪种回答，都朝向一个共同的方向——培养具备一定素养的能够适应未来社会生活和发展的人才。

（一）国际核心素养的培养与实践

在正式提出核心素养一词前，最早引起国际教育改革的是"关键能力"——1972 年由德国劳动市场与职业研究所所长梅滕斯提出。随后，在经济全球化背景下，为培养社会所需人才和促进个人的全面发展，各个国家和地区依据实际需要推陈出新，不断升华"关键能力"的内涵，促使了核心素养的诞生和发展。

1997 年 12 月，经济合作与发展组织（OECD）启动了"素养的界定与遴选：理论与概念基础"项目（简称 DeSeCo 项目），是最早研究素养相关理念和实践的项目。2003 年，该组织发表了报告《为了成功人生和健全社会的核心素养》，对素养进行了"实用性概念取向"的界定："素养不只是知识与技能。它是在特定情境中，通过利用和调动心理社会资源（包括技能和态度），以满足复杂需要的能力。"①并确立了三类核心素养：交互使用工具的能力、在异质群体中有效互动的能力、自主行动能力。随后，核心素养一词成为国际教育改革的风向标，在世界各地掀起了研究核心素养的热潮。

下面我们把视线放到美国、欧盟、日本、芬兰等教育体系相对完整、先进的国家，了解这些国家所提出的核心素养，探索国际核心素养的培养与实践。

1991 年，美国相关部门在《美国 21 世纪事业对学校的要求》报告中，提出学校教育应为学习者打好三个基础（基本技能、思维技能、个性品质）、培养五项能力（资源能力、人际关系能力、信息能力、系统能力和技术能力）。②2002 年，美国拉开"21 世纪技能运动"的帷幕。2009 年，21 世纪技能联盟（Partnership for 21st Century Skills）在借鉴学者们提出的内容和总结自身研究经验的基础上，提出了"21 世纪学习'彩虹图'"（见图 2-1）。21 世纪学习"彩虹图"分为 21 世纪学习内容和 21 世纪学习支持系统，即上下两道彩虹。上方的彩虹是 21 世纪学习内容，总结、归纳了 21 世纪"学什么"（核心学科与 21 世纪主题、21 世纪技能），下方的彩虹为 21 世纪学习支持系统，主要论述教育改革具体策略，落实"怎么学"。整个结构体现出，单以学科知识培养人才已不符合时代要求，要将学科知识与 21 世纪技能融合，培养具备知识与能力且能适应社会的人才。

---

① OECD. The definition and selection of key competencies [EB/OL]. [2021-11-08]. http://www.oecd.org/dataoecd/47/61/35070367.pdf.
② 李逸，罗楚珊. 解构和重构 21 世纪技能——21 世纪学习"彩虹图"的解读 [J]. 课程教学研究，2014（10）：20-25.

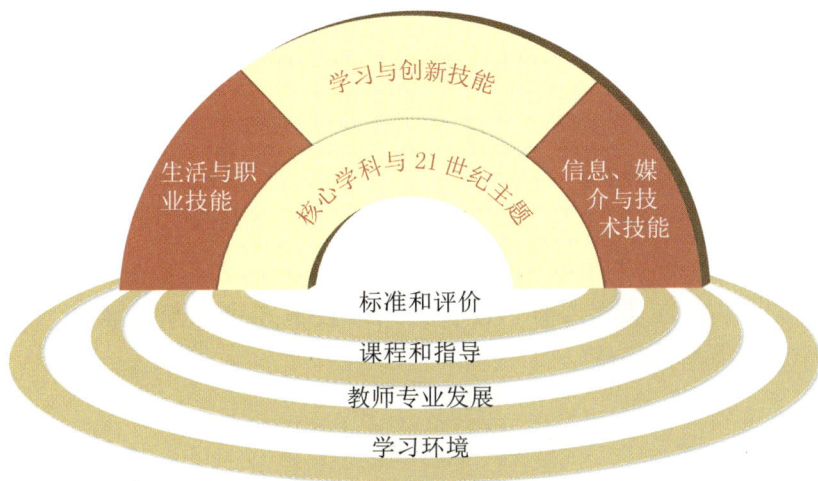

图 2-1　21 世纪学习"彩虹图"

2006 年 12 月，欧洲议会和欧洲理事会联合发布《欧洲终身学习核心素养建议框架 2006》，其成为欧盟及其成员国教育改革的纲领性文件。欧盟将"素养"界定为："素养是使用于特定情境的知识、技能和态度的综合"，并列出八大核心素养：母语沟通交流、外语沟通交流、数学素养和科学技术基本素养、数字素养、学会学习、社会和公民素养、主动性和创业、文化认识和表达。同时，将批判性思维、创造性、首创精神、问题解决、风险评估、采取决策、建设性管理情绪等主题应用贯穿八大素养之中。2018 年，该框架得到修订，在保持从知识、技能、态度三个维度对素养进行定义的同时，将八大素养其中的六大素养的表述进行了修改，如"读写素养"代替"母语沟通交流"、"多语素养"代替"外语沟通交流"、"数学素养和科学、技术、工程素养"代替"数学素养和科学技术基础素养"、"个人、社会和学会学习素养"代替"学会学习"、"公民素养"代替"社会和公民素养"、"创新创业素养"代替"主动性和创业"。[①]框架的修订是针对当下欧洲的社会经济发展情况、教育改革情况做出的调整，侧面反映了核心素养并非一成不变，而是根

[①] 常飒飒，王占仁. 欧盟核心素养发展的新动向及动因——基于对《欧盟终身学习核心素养建议框架 2018》的解读［J］. 比较教育研究，2019，41（8）：37-45.

据国情、时代变迁进行适当性变化。

2013 年，日本国立教育政策研究所公布的《培养适应社会变化的素质与能力的教育课程编制的基本原理》报告提出了"21 世纪型能力"（见图 2-2）——由基础力、思考力和实践力构成。日本将核心素养定位为课程改革的基础，认为基础教育改革必须超越以教授读、写、算为内容的基础性教育目标，设立更高层次的教育目标，并于 2016 年全面修订《学习指导要领》时在课程内容、评价方式、教学方法等方面落实"21 世纪型能力"的培养。

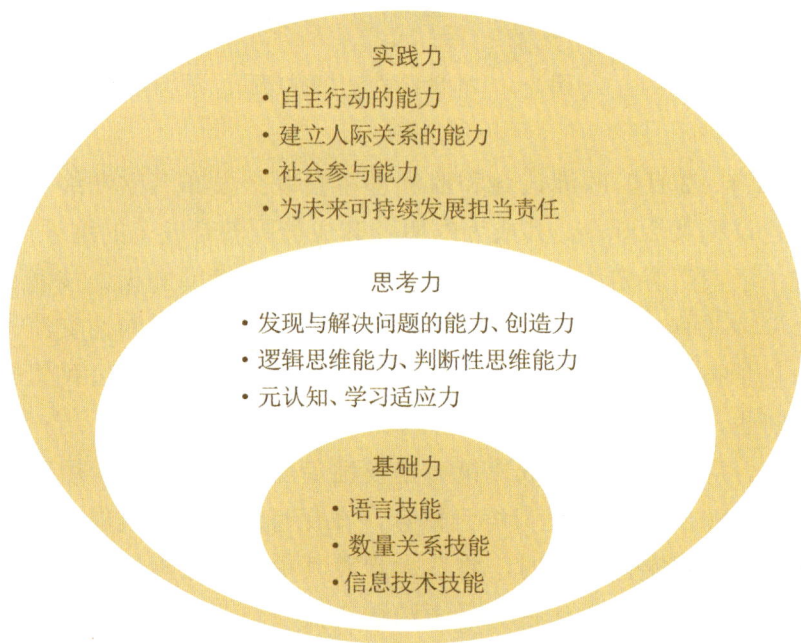

实践力
- 自主行动的能力
- 建立人际关系的能力
- 社会参与能力
- 为未来可持续发展担当责任

思考力
- 发现与解决问题的能力、创造力
- 逻辑思维能力、判断性思维能力
- 元认知、学习适应力

基础力
- 语言技能
- 数量关系技能
- 信息技术技能

图 2-2　21 世纪型能力

2014 年 12 月，芬兰出台了《基础教育国家核心课程》，其中把基础教育的总目标定为"培养能够适应瞬息万变的未来社会的人才"，并提出了学生需具备的七大横贯能力，以横贯能力——贯穿不同学科和领域需要具有的通用能力为重点构建核心素养体系。七大横贯能力包括思考与学会学习的能力，文化素养、沟通与自我表达的能力，照顾自己、管理日常生活的能力，多元识读能力，信息素养，工作生活能力与创业精神，参与、接入、构建可持续的未来的能力。2015年3月，芬兰正式发布了面向生活、未来的《国家核心课程标准》，以未来为导向，以学生发展为本，注重生活教育。

　　培养公民面向未来的21世纪核心素养是全球教育的共同追求。美国21世纪学习联盟（Partnership of 21st Century Learning）曾提出享誉世界的"4C素养模型"——合作（collaboration）、沟通（communication）、审辨思维（critical thinking）和创新（creativity）。从2015年起，北京师范大学中国教育创新研究院与美国21世纪学习联盟开展合作，于2018年发布了"21世纪核心素养5C模型"研究报告。"21世纪核心素养5C模型"在"4C素养模型"的基础上新增了文化理解与传承素养（Cultural Competence），建立了包括5个一级维度、16个二级维度在内的核心素养框架。[①]"21世纪核心素养5C模型"的提出，既是中国教育界的大事，也是国际教育研究领域的重要事件。美国21世纪学习联盟的前首席执行官大卫·罗斯（David Ross）认为："我们未来的工作将越来越具有跨文化的性质，那么5C素养模型将是培养学习者和工作者迈向成功的重要途径。"[②]

　　世界各国对学生核心素养做出的有益探索，为核心素养在教育中的落地实施提供了充足的养分。时至今日，尽管世界各国对核心素养的认知存在一定的不同之处，但其仍是各个国家、地区推进教育改革的关键，并根据时代的发展不断做出新的改变。从关键能力到核心素养，这是未来社会对人才提出更高要求的回应。

（二）中国学生发展核心素养

　　我国正式提出"核心素养"一词，是在2014年发布的《教育部关于全面深化课程改革　落实立德树人根本任务的意见》（教基二〔2014〕4号）

---

① 魏锐，刘坚，白新文，等. "21世纪核心素养5C模型"研究设计［J］. 华东师范大学学报（教育科学版），2020，38（2）：20-28.

② 大卫·罗斯. 致辞：从"4C"到"5C"——祝贺"21世纪核心素养5C模型"发布［J］. 华东师范大学学报（教育科学版），2020，38（2）：19.

一文中，核心素养与立德树人的关系第一次被放在同一重要位置上。

2016 年 9 月，我国正式发布"中国学生发展核心素养总体框架"。《中国学生发展核心素养》课题研究成果中，对核心素养的内涵做了界定和框架构建："学生发展核心素养"主要指学生应具备的、能够适应终身发展和社会发展需要的必备品格和关键能力；"中国学生发展核心素养总体框架"以培养全面发展的人为核心，包含三大方面（文化基础、自主发展、社会参与）、六大素养（学会学习、健康生活、人文底蕴、科学精神、责任担当、实践创新）（见图 2-3）。此外，由于核心素养的宏观性和学科的特殊性，不同性质的学科有各自的学科核心素养，以明确学生完成不同学段、不同年级、不同学科学习内容后应该达到的程度要求，准确把握学习的深度和广度，更加准确地反映人才培养要求。

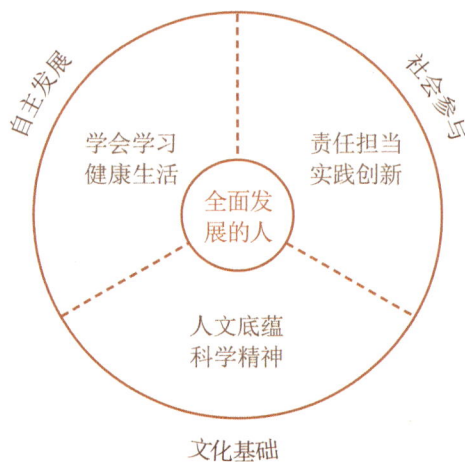

图 2-3　中国学生发展核心素养总体框架

从界定上可以看到，核心素养与关键能力不能混为一谈，二者是包容与交叉的关系，发展核心素养需要综合关键能力与必备品格双重因素的作用。这也是我国推进素质教育、转变应试教育的关键向导。特别是2021 年《关于进一步减轻义务教育阶段学生作业负担和校外培训负担的意见》（以下简称"双减"）的发布，学生少了课外辅导的压力和作业负担，多了更多的时间发展自我，这对学校教育教学工作提出了更高的要求。"双减"下，学校教育的主阵地作用得到强化，聚焦学校教育，不管是扎实开展校园活动，还是做好课后拓展服务，都必须抓住学生发展核心素养，尊重学生的成长规律，重视学生与人、与社会的关系，以提升素质教育的质量，让学生得到个性发展、全面发展，让学生能够更好地走向未来生活。

其实，无论是中国学生核心素养的构建，还是世界各国对核心素养的探索和实践，都验证了为应对全球化而培养终身发展、可持续发展的学生的重要性。总之，核心素养为基础教育走向未来指引航向，为学校落实立德树人提供目标和行动指南，为学生全面发展奠定扎实基础。

二、适合的教育

早在1994年，联合国教科文组织发布《萨拉曼卡宣言》时便指出，"每一个儿童有其独特的个人特点、兴趣、能力和学习需要""教育制度的设计和教育计划的实施应该考虑到这些特性和需要的广泛差异"。芬兰坦佩雷大学附属师范学校认为，每个学生都是学习的独立个体，因此不以班级为单位学习，不为学生设置固定的班级，而是让每个学生基于自身情况，自主选择课程，每个人的课表都是不一样的。2010年2月，美国联邦政府教育部部长提出："21世纪人类最好的教育，是让每个学生享受适合自己的教育。"[①]可见，"适合的教育"是全球教育的共同趋势。

而在我国，"适合的教育"一直是教育的重要议题。两千多年前，教育家孔子就提出了"因材施教""有教无类"的教育思想，南宋理学家朱熹说的"圣贤施教，各因其材，小以成小，大以成大，无弃人也"也正是这一理念。清代学者王夫之更是提出了"因材施教"的具体教学原则和方法，认为学生有"刚柔敏钝之异"，教育要顺应学习者的个性去施教。可以说，"因材施教"这一理念与"适合的教育"是一脉相承的。在现代，随着知识经济、信息时代进程的加快，以及人的发展需要，要求必须把教育放在经济社会发展大局中进行谋划，推动人才培养工作始终与人的全面发展和经济、社会高质量发展要求相适应。

---

① 冯恩洪. 创造适合学生的教育 [M]. 天津: 天津教育出版社, 2011.

《国家中长期教育改革和发展规划纲要（2010—2020年）》首次明确"以人为本"的教育理念，提出"关心每个学生，促进每个学生主动地、生动活泼地发展，尊重教育规律和学生身心发展规律，为每个学生提供适合的教育"。《关于深化教育体制机制改革的意见》又提出要"营造健康的教育生态，大力宣传普及适合的教育才是最好的教育、全面发展、人人皆可成才、终身学习等科学教育理念"。随之，"适合的教育"成为学校教育改革的重要价值取向之一。

2014年9月发布了《国务院关于深化考试招生制度改革的实施意见》后，全国高考试点改革随之推进，"新高考"改革下设计的自主选科模式，让学生对选科拥有了充分的自由选择权；之后，全国各地的"新中考"改革方案也陆续出台。从"新高考""新中考"的改革反映出，推进素质教育要以学生发展为本，忌唯分数论，这也把教育指向让学生学会生活，更加凸显"适合的教育"的重要性。

那么，如何理解"适合的教育"？

南京师范大学道德教育研究所所长冯建军、南京晓庄学院教师教育学院讲师刘霞认为："适合的教育"，一是合乎人性的教育，即顺应学生的天性，发掘学生与生俱来的潜能，同时顺应社会性，让学生适应社会发展；二是适合学生群体特点的教育，即遵循学生身心发展的特点和规律，同时充分考虑学生发展的时代特点，引导成长；三是适合学生个体的教育，这里适应的个体不仅是独特的完整的个体，而且是不断成长中的个体，不仅要尊重个体的差异，还要注重个体发展的不同阶段。[1]江苏省教育厅厅长葛道凯认为，"适合的教育"是以学生为本的教育，学生知识、能力、素质与社会角色匹配，要"让每个学生都能接受公平而有质量的、适合自己的教育"；是适应经济社会需要的教育，要"把适应社会需要作为衡量教育质量的标准，克服简单以升学率和考试分数评价教育质量的现象和做法"。[2]

① 冯建军，刘霞. "适合的教育"：内涵、困境与路径选择［J］. 南京社会科学，2017（11）：141-149.

② 葛道凯. "适合的教育"才是最好的教育［EB/OL］.（2017-12-14）［2021-11-09］. http://www.moe.gov.cn/jyb_xwfb/s5148/201712/t20171214_321311.html.

概括来说，"适合的教育"可以是适合国家的、适合社会的，甚至是适合家庭的，这些固然是必要的，但最根本的是适合被教育者本人，也就是学生。

一般而言，实施"适合的教育"应从教育观念、课程体系、教学策略、评价等四个维度着手。

一是教育观念的改变：树立"以学生为本"的理念，要把学生作为教育的原点，从学生的角度去思考。

二是构建学生可自主选择的课程体系：从课程设置、学习的内容和方式、学习的时间和空间等各个方面，充分赋予学生自主选择的权利，尤其是课程，应朝向多元化、个性化、自主化发展。

三是教学策略的改变：转变教师角色，教学中心由"教"向"学"转移，以学定教。以学定教可以是分层教学，即根据学生的发展水平分为不同的层次，不同层次的学生确立不同的教学目标，实施不同的教学；可以是分类教学，即尊重学生的多样性，包括性别、性格、认知风格等方面的差异，对不同的学生进行个别指导。

四是实施多元化评价：基本标准和个性化分类评价结合，学业评价和分层教学相结合，学生自评、互评、教师评、家长评相结合等方式，既要评价学生全面发展的程度，又要评价学生个性发展的状况；既要评价学生已经达到的绝对发展水平，又要评价学生的进步梯度和发展的潜力；既要注重知识、技能的评价，也要注重情感、态度、价值观评价。

总而言之，"适合的教育"就是要以学生为原点，为学生创造一切适应自身发展的教育环境和条件。"适合的教育"追求的是让教育回归本真，让教育合乎学生的自然成长规律，发展学生个性。

先锋教育是主张回归人性化的教育，其体系的建构，正是基于核心素养倡导的培养适应未来生存和发展的人才，以及"适合的教育"立足学生为本的理念。先锋教育所提出的"今天做最好的自己，明日当各界的先锋"，寄托了让每一位学生因材发展、张扬个性的寓意，蕴含着百年先锋的精神。

第二节　诊断把脉，明晰方向

导言

　　谋求学校科学发展之路，必须立足学校过去、现在及未来。学校的发展，并非校长一人所能决定。问计师生、家长、社区人士，乃至国家政策方针，是一名校长应做且必须要做的工作。

　　任何一个组织想要摸清自身状况，最常用的手段就是评估。20世纪后期，一些教育发达国家或地区开始倡导旨在客观评估学校表现的学校自我评估活动。学校自我诊断的意义，不仅在于摸清现状、发现问题，更具有共识形成、理念引领的前瞻性和引导性。当诊断具有了促成学校反思能力形成的功能时，它就上升到了学校文化建设的高度，以诊断促进思考、以诊断推动学校转型就不再是一句空话。正如北京师范大学副教授李凌艳所说："一所具有反思力的学校会成为一个真正具有学习力的组织，诊断文化会成为引领学校可持续发展的重要生命力。"[①]因此，在创建学校特色、建设校园文化之前，有必要对学校进行深度的自我诊断，才能根据校情等做出合理、科学的顶层设计，并进行特色发展定位、拟定规划。

一、校情分析

　　学校在未来要做什么、先做什么及后做什么，必须根植于学校的现实情况。在制订行动方案之前，学校要对发展现状进行深入分析。SWOT分析法为了解学校现状提供了一个有效方法。SWOT分析是学校诊断过程中普遍采用的一种诊断分析工具，即通过对内部能力因素，包

---

① 李凌艳.学校"体检"：基于学生发展的学校自我诊断[J].中小学管理，2017（8）：25-27.

括优势因素（strengths）和劣势因素（weaknesses），以及外部环境因素，包括机遇因素（opportunities）和挑战因素（threats）的综合分析，为管理者进行决策和规划提供依据。学校利用 SWOT 分析法对学校发展的优势、弱势、机会及威胁进行分析，旨在从中找出制约学校发展的瓶颈，明确学校未来的改进和发展方向，提升学校的发展内涵。

如前文所述，先锋小学的前身文峰小学最早创办于清末民初，1925年正式成为乡立小学，距今拥有近百年历史，是市桥创办最早的公立学校，也是番禺区唯一一所培养了世界冠军的学校。百年先锋，冠军精神，在本区域享有较高声誉。

学校规模：学校占地面积 8 458 平方米，建筑面积 9 747 平方米，符合国家小学标准化建设标准。

师资队伍：现有教学班 27 个，教师 74 人，其中高级教师 6 人、广东省名校长工作室学员 1 人、广州市卓越校长培养对象 1 人、番禺区名校长 1 人、广州市名师 1 人、广州市特约教研员 1 人、番禺区教学新秀5 人。

社会声誉：学校先后获全国校园冰雪运动特色学校、全国教育科学"十一五"规划重点课题羊城儿童分级阅读实验学校、全国"十一五"规划课题"器乐教学中的学生音乐素质与创造思维培养研究"实验学校、广东省首届书香校园示范校、广东省依法治校示范校、广东义务教育综合实践活动课程实验样本学校、广东义务教育标准化学校、广东省绿色学校、广州市"体艺2+1"示范校、广州市轮滑传统项目学校、广州市金融理财知识教学试点学校、广州市青少年科技教育特色项目（发明创造）学校、广州市红旗大队、广州市安全文明学校、番禺区文化德育实验学校、番禺区特色学校、番禺区少先队工作示范校等荣誉。

（一）优势分析

优势是指组织在其发展过程中自身存在的积极因素。学校目前的优势主要体现在以下方面：

一是在校园文化方面。学校拥有百年底蕴，先锋文化、冠军精神皆成为先锋小学独特的办学文化，享有较高的知名度。

二是特色课程体系的构建，特色项目鲜明。其中，"先锋轮滑"已渐成特色品牌，冠军精神薪火相传。

三是德育校本活动体系的构建，推动了先锋德育的课程化发展。如今，学校已形成了一批德育校本精品活动课程项目，如体能大课间、文化德育、书香校园活动、金融知识教学、年度先锋人物评选等，在区域内享有较高的知名度。

四是在人力资源方面。学校行政管理团队团结协作、有活力，教师队伍团结和睦、教学经验丰富，为学校教育教学高质量发展提供了保障条件。

五是在家校合作方面。家长普遍支持学校开展的工作，学校积极做好家庭教育指导，形成了良好的教育环境和一定的教育合力。

（二）劣势分析

劣势是指组织在其发展过程中自身存在的消极因素。先锋小学的优势很明显，特别是硬实力很好，但是同时也存在劣势。主要体现在以下方面：

第一，在师资方面。一方面，名师数量不足，市、区特约教研员不足。教师整体专业成长有待进一步提升，以传承先锋教研的优秀传统。另一方面，由于临聘教师队伍日益扩大，个别教师的教学质量亟待提升。针对专业能力不足的教师，缺乏有效的措施，尤其在教师的专业成长、帮扶制度、督促制度上存在不足。

第二，在教学质量方面，师资方面的不足、工作执行力低下，导致学校的教学质量仍存在短板。一些已形成教育共识的、本应该抓好的教育教学常规工作（如课前演讲一分钟、书法教学、教师候课制度等）并没有真正贯彻落实。对于课堂教学质量不足的教师，缺乏强有力且有效的措施，如教师的专业成长、帮扶制度、督促制度尚存不足。

第三，常规管理实效有待提升。目前学校常规管理存在一定问题，主管行政调查研究不足，欠缺过程管理（检查、指导、评价反馈、及时提升），未能落实"异必议、议必决、决必行、行必果"的管理规定。重视项目，忽视基础常规；重视评估，忽视内涵丰富。需要把评估转变为规范，加强细节管理。

第四，办学资金不足，教学设备设施陈旧，亟待更新。

第五，家校共育双方的胜任力亟待提升，家校关系不够紧密。家长和教师的有效交流、沟通有待进一步加强，教师的家庭教育指导能力不足。

第六，班风班纪参差较大。个别教师的能力或态度不到位，对班级管理存在疏漏，各班级的班风班纪差异大。

（三）机遇分析

机遇是指外部环境中对组织发展有直接影响的有利因素。目前学校的发展虽然存在一定的劣势，但并不缺乏发展机遇：

第一，新一轮的国家事业单位体制改革，将有利于促进临聘教师的专业发展。

第二，番禺区文化德育实验学校的确立，将进一步推动学校德育文化的发展，提升学校的知名度。

第三，番禺区新一轮的教育质量提升规划，将进一步促进学校教学质量的提升。

第四，"和谐先锋"的创建，使学校能凝心聚力谋发展，真心实意做服务。

第五，近年来，"先锋轮滑"特色项目取得较好的成绩，为进一步发展提升奠定了厚实的基础。

（四）挑战分析

挑战是指外部环境中对组织发展有直接影响的不利因素。当前学校面临的挑战主要体现在以下方面：

一是办学绩效举步不前，学校整体水平有待提升。

二是国家、省、市的学生体能水平抽测，以及番禺区每年的教学质量抽测，对学校教学质量的提升带来压力，教学质量的补短板迫在眉睫。

三是优秀学科组评比的乏力。课堂教学研究、教师专业发展等存在危机，对教学质量的提升形成压力。临聘教师不断增加，冲击教师整体队伍素质。

四是"先锋轮滑"特色项目进入"高原区",如考级等机制的推行、品牌打造策略等,为"先锋轮滑"未来的发展带来挑战。

二、解决问题的思路

第一,完善学校上层设计,树立统一的发展观、价值观,树立先锋文化自信,坚定先锋教育文化特色道路,重点做好质量提升工程。

第二,重点打造先锋亮点品牌项目——先锋轮滑。

第三,继续加强传承与发展的思想,深化内涵建设,优化内部管理,提升先锋教育好品质。

第四,继续深化先锋强基工程,扎实教育基础,夯实常规管理,完善机制建设,优化教育环境。

第五,加强教师专业成长培养。进一步强调教学质量的中心地位,更鲜明地提出教师以课堂为中心的主张,建立相应的制度保障。精准地把短板补好,充分发挥师徒结对作用,确保每一位教师的教学质量全部达到要求。杜绝"花架式"教研,推行实用型教研。真正建立教师"质量第一"的观念,不但重视分数,更重视分数形成的过程。让教师沉下心来钻研课堂教学,提升教学成绩。

第六,着力提升家校共育工作。重点提升教师与家长的家校共育胜任力,有效构建家校教育共同体。

第七,努力筹措资金,提升教学设备设施的现代化水平,满足教育教学的需求。

第八,凝心聚力,加强先锋小学学园建设:办一所先行先试、领潮争先的先锋学园;加强先锋小学心园建设:建立强而有力的行政团队,布大局,凝聚全体教师;加强先锋小学家园建设:建设互助互长、共建共享的先锋家园。

第九,提升教师的获得感与幸福感。充分发挥党支部、工会等职能部门的作用,开展丰富的教师团建活动,创建"和谐先锋"。

第十,继续优化学校的干群关系、同事关系,全面推行先锋小学心园建设。

第三节 高屋建瓴，顶层设计

导言

立足百年先锋办学史，坚持传承与创新，不断优化先锋教育的设计蓝图。学校在立德树人的总指挥棒下，提出"先锋教育"特色，重塑先锋教育文化，走特色发展道路。

百年传承，冠军精神，凝心聚力，锐意发展。先锋小学以"逢山开路，遇水搭桥"的气魄，以不甘人后、追求卓越的精神，全力建设"特色鲜明、质量优秀、充满活力"的先锋学园、先锋心园、先锋家园，以质量强校、品牌兴校为策略，培养"今天做最好的自己，明日当各界的先锋"的先锋人，全方位提升学校的知名度与美誉度，全力打造高水平、高质量的先锋好教育。

一、先锋教育理念

在近百年先锋底蕴里，寻找先锋教育的基因，以上层设计统领先锋教育，初步形成先锋教育理念体系（见图2-4），以求为今后的先锋教育品牌发展之路，提供有益的参考。

（一）办学理念：比别人先行一步、多走一步

先锋者，比别人多想一点、多做一点、先行一步、多走一步，在人生的赛道上，领先一小步。学校以鲜明的教育价值观，引领每一位学生今天成为最好的自己，明天才能成为社会各界的先锋人物，为国家、为人民做更多的贡献。

（二）办学目标：办一所先知先觉、先行先试的学校

我们要办一所值得别人尊重的、让每一位先锋人感到自豪的一流学

校，坚持内涵发展，坚持质量第一，坚持办真正的教育；我们要站在教育改革的前沿，始终引领本区域教育改革发展。秉承先锋传统，争当教育的先行者，永远站立在教育思潮的前列，把最先进的教育思想、最前端的教育理念作为学校办学的重要宗旨。教育品质上，力争成为区域"排头兵"，力争成为区域教育改革的先锋，引领区域教育发展。

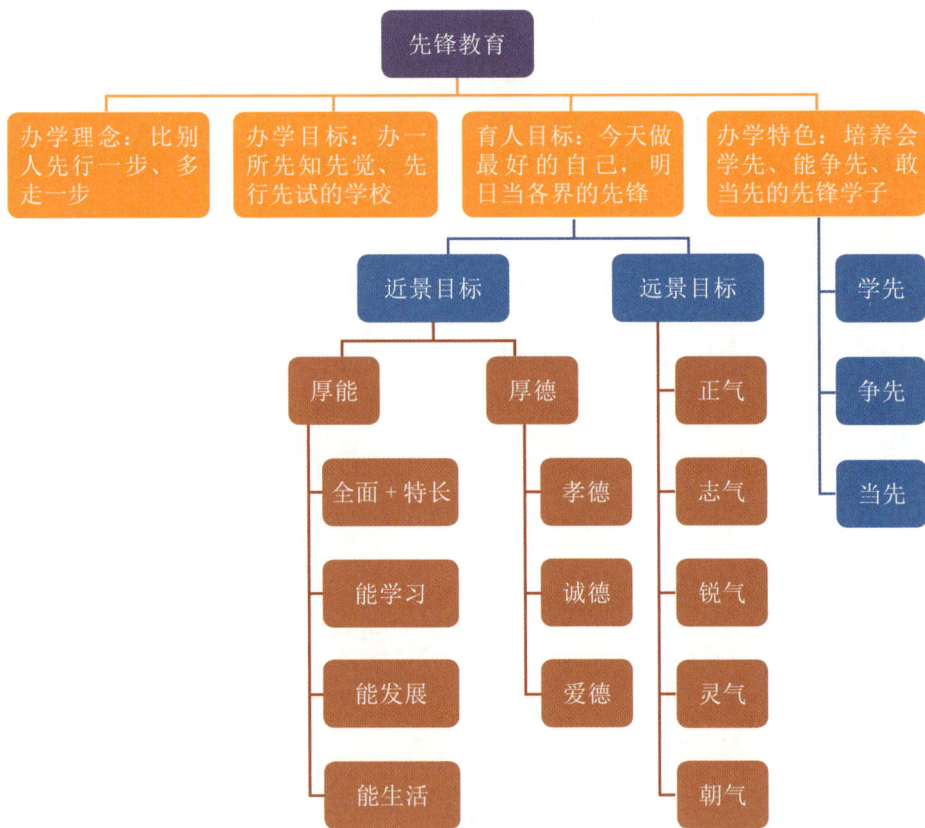

```
                            先锋教育
      ┌──────────┬──────────┼──────────────┬─────────────┐
 办学理念：比别   办学目标：办一  育人目标：今天做    办学特色：培养会
 人先行一步、多   所先知先觉、先  最好的自己，明    学先、能争先、敢
 走一步          行先试的学校    日当各界的先锋    当先的先锋学子
                                  │                      │
                          ┌───────┴───────┐        ┌─────┤
                        近景目标        远景目标      学先
                      ┌────┴────┐      ┌──┤          争先
                     厚能      厚德    正气          当先
                   ┌──┤      ┌──┤     志气
              全面+特长    孝德     锐气
               能学习      诚德     灵气
               能发展      爱德     朝气
               能生活
```

图 2-4 先锋教育理念体系

首先，要理解好先锋教育文化：追赶精神，不断追求"今天做最好的自己，明日当各界的先锋"，追赶先锋（会学先锋、能争先锋）。其次，树立先锋的价值担当（敢当先锋）——"我们今天所做的不一定是最好的，但一定是对后来者具有重要价值的，一定是对学生终生发展具有重要价

值的，一定是对学校教育品牌发展具有重要价值的"，我们是先行者。

（三）育人目标：今天做最好的自己，明日当各界的先锋

每一位学生都是独一无二的，我们要尊重每一位学生的特长、特性，包容与尊重他们的不同。学校的育人目标是"各美其美、美美与共"的个性化教育价值取向，办最适合的教育，回归教育的本质。同时，铺就学生终身发展的生命底色，传承先锋教育百年底蕴，培育先锋人独有的先锋品质。

为使先锋学子传承百年先锋的优秀品质，学校树立了远景目标和近景目标。远景目标：把先锋人"勇于担当、敢为人先、锋从砺出、追求卓越"的品质作为榜样引领，争当充满正气（德行厚正）、志气（敢于担当、追求卓越）、锐气（敢拼敢搏、刚强果敢）、灵气（开拓创新、敢为人先）、朝气（好学上进、生生不息）的先锋人。近景目标：着重培养先锋厚德（"三德"：孝德、诚德、爱德）、厚能（全面＋特长、能学习、能发展、能生活）的品行特征。

（四）办学特色：学先、争先、当先

核心教育特色理念：学先、争先、当先。即培养"会学先、能争先、敢当先"的先锋学子。

学先：以先贤为明灯，学习先进文化，向先锋人物学习。向先贤学习，学先进榜样，学先进文化。方法：锋从砺出——修"先"之道。

争先：学业上，天天向上，步步争先，不甘人后，追求卓越；个性发展上，"百花盛开"，因材施教，进行准专业化培养，赋予个性特长发展以教育意义。以"全面＋个性化发展"为育人模式，提升学生先锋核心素养。

当先：吾乃世之先锋——今天当自己的先锋，当最好的自己；明天当社会的先锋，成为各行各业的先进人物。

"先"是先锋教育的主心骨，是先锋精神的内核。以学先、争先、当先作为核心教育理念，内化了百年先锋的文化底蕴，是每一位先锋人永葆先进的力量源泉。

先锋小链接

回归人性化的先锋教育主张①

教育首先是人的教育。古语云：君子不器。但随着智能化的快速发展，机器越来越像人，现代教育却越来越把人当作机器，学生就如知识的"复印机""复读机"。现代教育首先要把人当作人，更应重视机器完成不了的事情，如创新性的培养、人的情感体验与交流、人快乐成长的生命历程等。教育首先要人性化。

教育要人性化，就要充满温度。从人的终点看，其实大多数的学生将来都只能成为普通人，而公立基础教育作为一种普惠式的教育，目标是培养合格的公民。打一个比方：学校教学生，一定程度上就如一个家庭养孩子。一个家庭培养孩子，父母有什么样的期待呢？从这个角度进行思考，首先学生要有健康的身体、良好的体魄，因此我们要重视体育；其次，学生要有健康的心理才能实现幸福的人生，因此我们要重视心理健康教育，每一位教师都要持证（中小学心理健康教育教师资格证）上岗；再次，学生要有高尚的品行，因此我们要重视思政课，重视文以载道，传承中华美德，重视知行合一；最后，学生要有好的品位，因此我们要重视艺术教育。理解了我们的教学内容，学校的主业才能有温度。

教育人性化才有生活的气息。什么是教育？"生活即教育"，发生活中需要什么，就教什么、育什么，"关于生活、依据生活、为了生活"，活学致用，方能生生不息。于是教育就有了落脚点。

笔者在先锋小学的培养目标上，提出"今天做最好的自己，明日当各界的先锋"的育人目标。何为最好的自己？让每一位学生都能因材发展，让自己的个性得到张扬，让童年充满美好的回忆。即让每一位学生获得最大可能的发展。怎么做？首先，要求学生了解自己。在教师、家长、专家的共同参与下，以学生为中心，实现科学诊断、科学规划，在不断尝试中寻找答案。然后，引导学生发展自己。家校协同，为学生创造一

① 本文由笔者写于 2020 年 10 月 18 日。

个"共振平台"，提供支撑，让学生的个性得以彰显。最后，帮助学生成就自己。让学生在自己选择的领域中扬帆远行，"逢山开路，遇水搭桥"，锋从砺出，追求卓越，成就不凡。先锋学子从小在自信与卓尔不群的品质培养下，在自己擅长的领域里获得成功的经验，提升人生的自信，向"先锋"的目标挺进，以社会使命担当，培育各界合格接班人，乃至各界精英。

"今天做最好的自己，明日当各界的先锋"，体现了在平凡之中培育不平凡的理想追求，以普惠教育视角，从平凡人为原点，去追逐人生的诗和远方。毕竟，总会有一部分不平凡的人，我们的国家需要一些不平凡的人。

"今天做最好的自己，明日当各界的先锋"，体现了"我就是我，不一样的我"的生本主张，让每一位学生张扬自我，放飞天性，成就自我。

"今天做最好的自己，明日当各界的先锋"，更是解决"不要让孩子输在起跑线上"的家长忧虑。"今天做最好的自己"是告诉家长和学生——人生不止一条赛道，每一位学生都应找到属于自己的赛道，一条自己擅长的赛道，一条更适合自己的赛道，一条更容易通向幸福人生的赛道。各美其美，美美与共。

二、先锋教育核心素养

在中国学生发展核心素养理论的指导下，先锋小学立足百年先锋校史与先锋教育理念体系，积极开展校本研究，初步形成了先锋教育核心素养体系。该体系对中国学生发展核心素养的三大方面进行了新的校本理解，整合、提炼成先锋教育核心素养的六大力——审美力、探究力、学习力、健康力、行动力、创新力，使核心素养具体化、通俗化，更符合先锋学子的特性，让先锋学子更好地理解、认识及践行核心素养（见表 2-1 和图 2-5）。

（一）审美力

审美力即发现美、创造美、表现美的能力。审美力是个人品质和修养的集中体现，首先要求学生有美好的心灵世界，其次要求学生有雅正的兴趣爱好。

表 2-1　中国学生发展核心素养与先锋教育核心素养的关系

	文化基础		自主发展		社会参与	
中国学生发展核心素养	人文底蕴	科学精神	学会学习	健康生活	责任担当	实践创新
先锋教育核心素养校本理解	审美力	探究力	学习力	健康力	行动力	创新力

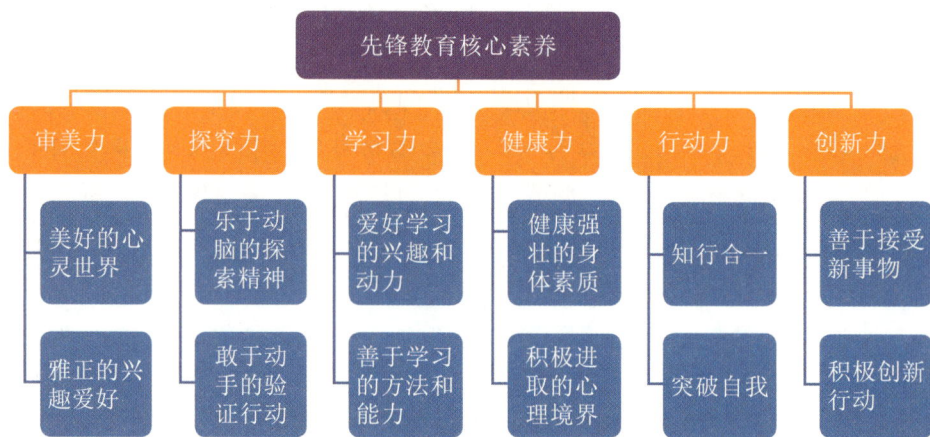

图 2-5　先锋教育核心素养体系

具体要求：第一，美好的心灵世界——做人善良、处事真诚、相处有爱、严于律己、宽以待人、明辨是非、理智做事。第二，雅正的兴趣爱好——说文雅的语言、有儒雅的行为、爱看经典名著、交有正能量的朋友、会玩一种艺术门类。

（二）探究力

探究力即探索、研究的能力。探究力是个人追求自强与进取的集中表现，首先要求学生有乐于动脑的探索精神，其次要求学生有敢于动手的验证行动。

具体要求：第一，乐于动脑的探索精神——葆有好奇心，想象力丰富，善于发现问题，乐于动脑思考。第二，敢于动手的验证行动——大胆尝试，坚持不懈地探索，有效解决问题。

（三）学习力

学习力即快速接受和消化新事物和新观念的能力。学习力是个人学习效果的衡量指标，首先要求学生有爱好学习的兴趣和动力，其次要求学生有善于学习的方法和能力。

具体要求：第一，爱好学习的兴趣和动力——对语文、数学、英语有积极期望；设定学习目标，并能由小至大地完成；了解学习目的，描绘学习成功后的图景。第二，善于学习的方法和能力——能运用读写、交流和数学技能，能运用技术辅助学习，能创造性地独立思考，能自主学习和合作学习，善于合理评价，能在新的情境中联系和运用所学知识。

（四）健康力

健康力即保持身体、精神都处于良好状态的能力。健康力是个人成长的根本，首先要求学生有健康强壮的身体素质，其次要求学生有积极进取的心理境界。

具体要求：第一，健康强壮的身体素质——有良好的饮食习惯，不挑食；有良好的卫生习惯，勤换洗；有良好的锻炼习惯，勤运动；有良好的安全意识，不涉险；有良好的规律意识，作息好。第二，积极进取的心理境界——有向榜样学习的意识，有学习先进知识的兴趣；有步步争先、敢于超越别人的自信；有持之以恒、不达目标不罢休的决心。

（五）行动力

行动力即敢于争先、勇于当先，身体力行的能力。行动力是个人发展的核心因素，首先要求学生真正做到知行合一，其次要求学生敢于突破自我。

具体要求：第一，知行合一——广求知识、厚积薄发，把学到的知识运用到实际生活中，解决所遇到的问题，总结自己的独特体验，收获成功的结果。第二，突破自我——有计划地进行学习，做到每天进步一点；有计划地改变自我，把自己目前能力不足的事情，通过计划逐步突破。

（六）创新力

创新力即产生新认识，创造新事物的能力。创新力是个人潜能发展的激发点，首先要求学生善于接受新事物，其次要求学生积极创新行动。

具体要求：第一，善于接受新事物——通过电视、电脑、书籍等渠道不断地接受新事物，摒弃束缚前进的固有思想。第二，积极创新行动——善于思辨，敢于打破常规，以独特新颖的方式分析问题、解决问题。

三、先锋教育标识系统

（一）一训三风

作为一所学校的基本精神和核心理念的集中体现，"一训三风"（校训、校风、教风、学风）具有强大的内在驱动力，对学校办学理念、人才培养、教师授业、学生学习等方面有导向激励作用，有力地推动着学校各项事业科学发展。"一训三风"不仅要与学校办学理念一脉相通，而且能随着社会的发展，被不断赋予新的时代内涵和思想意义。先锋小学立足校史，将先锋精神融入"一训三风"，并赋予其新的时代意义，以培养有理想、敢为先的先锋少年（见图2-6）。

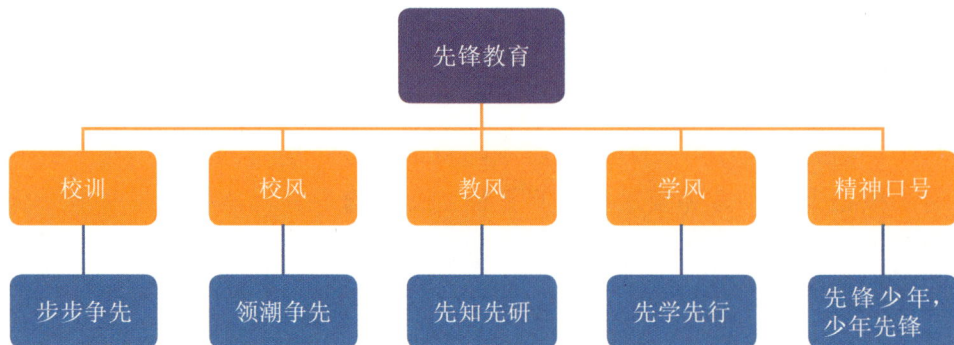

```
                    先锋教育
   ┌──────┬──────┬──────┬──────┐
  校训    校风    教风    学风    精神口号
   │      │      │      │      │
步步争先 领潮争先 先知先研 先学先行 先锋少年，
                                少年先锋
```

图2-6　先锋教育"一训三风"

1. 校训：步步争先

校训既是一个学校办学理念、治校精神的反映，也是校园文化建设的重要内容,体现学校文化精神的核心内容。

一步先,步步先。全体先锋学子养成"今天比别人多想一点、多做一点、先行一步、多走一步"的习惯,培养卓尔不群、敢为人先的优秀品格,形成不甘人后、英勇争先的品质。步步争先,即当下争当最好的自己,争当团队中的先进者,学会与自己竞争、与同伴竞争、与时代争先、与世界争先,以适应当下世界之格局。奠基未来,培养卓越品格。

我们是开拓者——先锋担当精神;我们是先行者——冠军争先意识。

2. 校风:领潮争先

百年传承,先锋小学形成了不甘人后的竞争意识,以"逢山开路,遇水搭桥"的气魄,以与时俱进的能力,站在新时代教育的前端,引领教育改革的思潮;以卓尔不群的态度,不拘一格培养人才——培养个性张扬的先锋学子,办独一无二、与众不同的先锋特色学校。

3. 教风:先知先研

"先知":要求每一位先锋教师不断学习,与时代同步;不断更新知识、观念,保持与学生同步地认识世界;同时,在某些领域更要求比学生认知世界的速度更快一些,成为令学生佩服的人生导师。

"先研":要求每一位先锋教师传承先锋教研的优秀传统,教而研,研而教,要求研教材、研教学对象、研生活世界;要求努力把教学过程转化为研究提升过程,以教研推动专业化发展,成为一名人师、"研"师,最后成就名师。

4. 学风:先学先行

"先学":要求每一位先锋学子保持浓厚的学习兴趣,孜孜以求,比同龄人有更强的学习责任感、紧迫感,在学习能力上、学习进度上领先于同龄人。同时,更强调先锋学子"先学"能力的培养,养成预习习惯,更好地完成每一天的学习,获得更优秀的学业成绩。先锋学子更要求注重知行合一,在学中行、在行中学、在行中悟。比同龄人多做一些、多学一些。

5. 精神口号：先锋少年，少年先锋

"先锋少年"：这里的"先锋"指校名。"先锋少年"指先锋学子具备厚德、厚能的品质，富有社会责任感与鲜明个性，做最好的自己。

"少年先锋"：这里的"先锋"指领潮争先，意为努力争当同龄人中的优秀学子，具有敢为人先、不甘人后的卓尔不凡的追求。

（二）文化标识

1. 校徽

校徽是一所学校的象征与标志。先锋小学的校徽（见图2-7）整体采用绿色和橙色作为主色调，绿色代表健康、恒久、生机勃勃，橙色代表朝气、活泼、积极向上，寓意学生在绿树成荫、充满阳光朝气的校园里，健康快乐地成长。

校徽主体是两个英文字母：P和S。P是先锋英文pioneer的缩写，S是学校英文school的缩写，两个字母通过抽象艺术手法，简化为滑轮运动的动作，利用流线造型和身影重叠的效果，使其充分体现时代动感精神，彰显先锋小学注重轮滑运动和科技教育的办学特色。另外，校徽造型像一个火炬，暗含先锋的意义。校徽整体结构简洁明了，轻松又富有趣味性，洋溢着小学生的纯真可爱和自信魅力。

图2-7　先锋小学校徽

2. 校歌

校歌，是学校对内的号召和激励，对外的形象展示和宣言，反映了学校的理想和愿望，又表达了学子的追求和成长心声。先锋小学的校歌寄托了培育全面发展的先锋学子的思想，其歌词通俗易懂，曲调活泼，唱起来朗朗上口。

先锋小学校歌

1=F2/4

集体 词
何运开 曲

第四节　运筹帷幄，厉兵秣马

导言

　　站稳脚跟，守住初心，承百年底蕴，落实立德树人，办富有个性特质的先锋学校，走活"百年老校"这盘"棋"，向"百年名校"砥砺前行。

一、特色发展

　　学校把创建先锋教育特色放在重要位置，重点突破内涵发展、特色提升、强质进位，创建先锋心园、先锋家园、先锋学园，打造高水平、高质量的先锋好教育。

　　学校的目标是办一所充满人文关怀、温情流淌、公道阳光、充满正能量，能让教师寻找到工作乐趣、职业成就的先锋心园学校；办一所学生文明学优、个性特长显著，教师充满归属感、认同感、自豪感，家长引以为荣的先锋家园学校；办一所践行"上品教化"、特性鲜明、人人以"今天做最好的自己，明日当各界的先锋"为目标，先行先试、领潮争先的先锋学园学校。简而言之，创造一个先锋梦：学生梦（学优、准专业化培养个性特长）；教师梦（创造一个教师爱上班的学校）；家长梦（以孩子能进这所学校为荣）。

（一）内涵式发展

　　完善学校上层设计，树立统一的发展观、价值观。

　　一是确立"今天做最好的自己，明日当各界的先锋"的育人目标，提炼先锋教育核心素养体系，进一步优化先锋教育理念体系，不断完善先锋教育课程体系，促进先锋教育特色发展。

　　二是进一步优化先锋教育文化，提升"成事成人、成人成事"、步步争先的先锋"人、事"文化。树立先锋文化自信，坚定先锋教育文化特色道路，重点做好质量提升工程。

三是深化先锋强基工程，传承百年先锋精神。继续加强传承与发展的思想，深化内涵建设，扎实教育基础，优化内部管理，完善机制建设，改善教育环境，提升先锋教育品质。

（二）特色提升

做好先锋教育的亮点工程，提升先锋小学的知名度与美誉度。

一是重点打造先锋亮点品牌项目——先锋轮滑，形成区域先锋地位。

二是打磨一批精品校本活动课程，做好优势项目。提升体能大课间、文化德育、书香校园活动、金融知识教学、感动校园先锋人物评选、科技教育等优势项目水平，在本区域享有一定的知名度。

（三）强质进位

制订"市桥先锋小学教育质量三年提升计划"，全面启动先锋教育教学质量提升行动，传承优质先锋传统。主要有：

第一，进一步强调教学质量的中心地位，以课堂为中心。真正建立教学质量第一的观念，不但重视分数，更重视分数形成的过程。让教师沉下心来钻研课堂教学，提升教学成绩。

第二，加强教师专业成长培养，建立相应的制度保障。充分发挥师徒结对作用，精准地把短板补好，确保每一位教师的教学质量达到要求。

第三，杜绝"花架式"教研，推行实用型教研。

（四）建设先锋心园

建设祥和、稳定的先锋人际关系，保持良好的心理舒适度，引导教师寻找工作乐趣，获取职业成就感，提升教师集体的认同感、自豪感、归属感。

一是全面建设依法行政、依法执教的法治意识，促进学校标准化办学。

二是充分发挥党支部、工会等职能部门的作用，开展丰富的教师团建活动，行政主动关心教师，建设健康阳光的教师队伍，创建"和谐先锋"。

三是全面提高师德修养，让每一位教师成为更纯粹、更优雅的先锋教师，树立先锋优秀教师形象。

四是全面优化学校的人际关系，形成人心安稳、人情和谐的先锋人际氛围，让"公道与温情"成为每一位先锋教师的共识，全面推行建设先锋心园。

五是全面建设简约的先锋事务，深化"成事成人""担当、作为"的"成事"文化，让每一位教师享受职业的认同感与成就感，做最好的自己。

（五）家校共育工作

着力提升家校共育工作。重点提升教师与家长的家校共育胜任力，有效构建家校教育共同体。

总的来说，凝心聚力，加强先锋小学心园建设：建立强而有力的行政团队，布大局，凝聚全体教师；加强先锋小学家园建设：建设互助互长、共建共享的先锋家园；加强先锋小学学园建设：办一所先行先试、领潮争先的先锋学园。

二、阶段规划

正所谓"运筹帷幄之中，决胜千里之外"，一所学校的发展，离不开科学的规划。笔者从 2016 年担任先锋小学校长以来，针对校情、学情，每学年做好年度发展规划，为学校每学年发展确定方向，促使学校扎实、稳步地向前迈进。图 2-8 截取了 2016 学年至 2023 学年的目标规划，展示学校在不同成长阶段下的主题规划内容。

（一）2016 学年：规划传承年

第一，制订《市桥先锋小学三年主动发展规划》。

第二，制订先锋小学《先锋特色建设方案》并组织实施。

第三，制订《先锋轮滑项目发展规划》《先锋科技教育提升方案》《德育精品活动项目打造方案》《书香校园建设促进方案》。

第四，完善学校管理，加强制度管理（硬性管理）与人文管理（软性管理），形成管理共识，提升工作效能。重点制订《先锋小学教师绩效工作方案》《先锋小学评聘工作方案》《先锋小学中层工作效能提升方案》，培养一支高度团结、高效能的中层领导团队，形成最适合先锋小学的管理机制。

第五，提升校园物化文化建设。

第六，完善室场文化氛围建设。

第七，提升室场利用率。

第八，加强"建家"工作，培养公道、温情、充满正能量的"大家庭"。

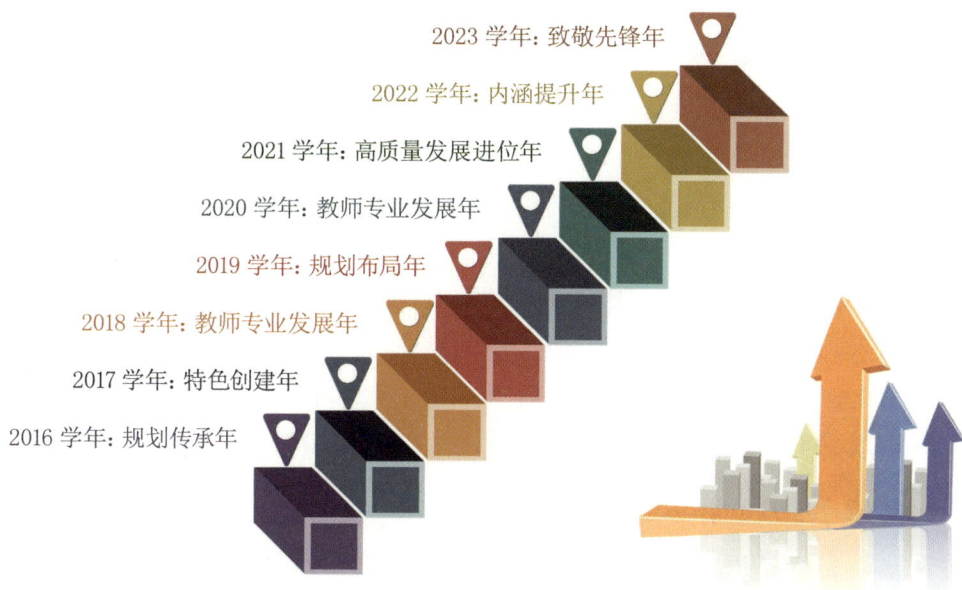

2023 学年：致敬先锋年
2022 学年：内涵提升年
2021 学年：高质量发展进位年
2020 学年：教师专业发展年
2019 学年：规划布局年
2018 学年：教师专业发展年
2017 学年：特色创建年
2016 学年：规划传承年

图 2-8　先锋小学 2016 学年至 2023 学年目标规划

（二）2017 学年：特色创建年

第一，申报广州市特色学校并制订后续完善规划，先锋教育特色成规模。

第二，继续加强传承与发展，提升先锋课程、先锋师生管理效能，丰富先锋教育内涵发展。

第三，争取番禺区办学绩效二等奖。

（三）2018 学年：教师专业发展年

第一，建立学习研究型教师团队，培养德高艺精的先锋教师，全面提升教师专业素养。

第二，树立各学科带头人，培养一批学科名师。

第三，培养风清气正、和谐温情的先锋大家庭。

（四）2019 学年：规划布局年

核心目标是推进"品牌兴校、质量立校"战略。

第一，制订《市桥先锋小学五年主动发展规划》，传承与发展百年先锋。

第二，加强科学治理，提升管理效能。

第三，梳理"先锋小学工作地图"，调整工作内容与重点项目推进规划。

第四，进一步打造"温情先锋"，强调以正能量为主流，提升工作团队的协同能力。

第五，妥善完成"三聘"工作，体现行政效能。

第六，加强新教师专业培训，整体提升教师业务水平。

第七，加强党建工作，加强对"三重一大"事项的领导。

第八，推进区文化德育项目、市金融理财知识教学项目。

（五）2020 学年：教师专业发展年

核心目标是以"立师德、强师能、树师风"为目标，全面提升教师专业水平。

第一，立师德：建设师德高尚的先锋教育团队，建立关系和谐的先锋大家庭。

第二，强师能：全面提升教育工作的执行力，全力促进教师专业成长。建设有德、有能、有品、有为的"四有"先锋教师；建立先研先知的教师专业团队，全面促进教师课堂教学水平与班级管理水平。

第三，树师风：提升教师工作效能。以课堂教学为中心，把师风评价与课堂教学品质直接挂钩。全面提升教师家校共育胜任力，尤其是提升教师与家长的沟通交流能力。

第四，加强家长培训，提升家长与教师的沟通交流能力，形成家校协同教育。

第五，进一步加强党建工作，引领建设"思想觉悟高、业务素质强"的先锋教师队伍，提升思政课质量。

（六）2021学年：高质量发展进位年

核心目标是强质进位见成效，学校教学质量位列同类学校前列。

第一，推进质量进位工程，全部班科教学质量确保达全优，抽测班科四项指标全达番禺区要求，学生体能测试达各级要求，并逐年提升。

第二，先锋轮滑品牌显著提升，确立区域领袖地位，并推广区域轮滑项目的发展。

第三，打造先锋德育精品项目，提升区域知名度。

第四，加强党建工作。

（七）2022学年：内涵提升年

核心目标是形成品质优秀、特色鲜明、校风优秀、内涵丰富的先锋学校。

第一，形成完备的先锋特色教育理念体系，优化先锋教育核心素养体系，完善先锋教育特色课程体系。

第二，提升先锋教育文化，形成先锋文化特色。

第三，提升和谐先锋氛围，建设幸福先锋文化。

第四，加强党建工作，提高党员理论修养。

（八）2023学年：致敬先锋年

第一，以"传扬先锋"为关键词。普及先锋校史教育，宣传百年先锋教育成就。2025年是学校百年校庆的日子，为更好地传承百年先锋，提前做好校史教育。

第二，以先锋好教育向百年先锋致敬。以优良的校风、优质的办学质量、优秀的教师团队，向百年先锋致敬。

第三，加强党建工作。

从 2016 学年的"规划传承年"到 2023 学年的"致敬先锋年"，是先锋小学跨越发展的重要阶段，也是向百年先锋的美好献礼。阶段性规划是学校前进的指明灯，能够为学校的长远发展奠定方向，为学校的长远发展凝聚共识，也有利于管理者发现和解决学校发展中存在的问题，进而形成学校发展的行动方案，做到事事有计划、件件有反馈、事事有落实。

下编
先锋文化应用与成果

百年风华，文化觉醒，化育先锋，领潮争先。

第三章　创校本课程，树先锋特色

　　任何教育理念的落地，都必须紧紧抓住课程这一抓手。在先锋教育理念引领下，学校贯彻实施"三级课程"，把先锋教育特色付诸教育实践。其中最能彰显先锋教育特色的首当扎根在百年先锋沃土之中的校本课程。

第一节　先锋课程，体系建构

导言

　　以"学先、争先、当先"，培育"厚德、厚能"先锋学子。如何对先锋教育理念这一"设计蓝图"进行"施工"，需要一代又一代先锋人的努力，形成先锋课程，才能真正实现先锋教育特色，向先锋教育品牌奋进。

　　学校依据国家课程、地方课程、校本活动课程的要求，立足先锋小学教育理念，以先锋教育办学特色（学先、争先、当先）为指引，以培养"今天做最好的自己，明日当各界的先锋"为育人目标，构建了先锋教育特色课程体系。

一、课程目标

先锋教育特色课程体系以"学先、争先、当先"作为课程理念，以"培养会学先、能争先、敢当先的全面发展的先锋学子"为课程总目标。

近期目标是培育"今天做最好的自己"，"最好的自己"即日日新的自己，好好学习、天天向上的自己。其理念核心是适合教育、个性化教育，培养学生的自我发展意识，强调自信、自强、自立、自律，从小培育卓越品质；远期目标是鼓励学子"明日当各界的先锋"，为国育才，培育各行各业的先锋人才，培养对社会有用之人，培育德、智、体、美、劳全面发展的社会主义事业接班人。

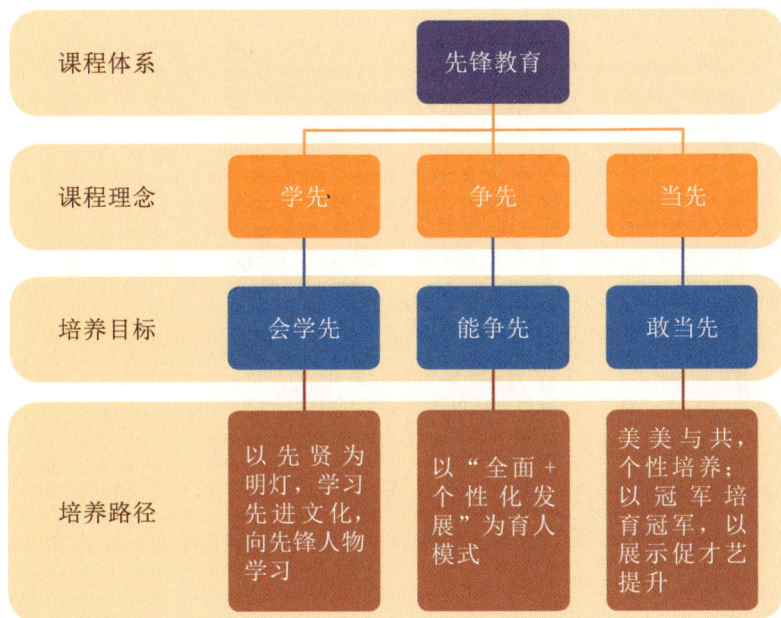

课程体系	先锋教育		
课程理念	学先	争先	当先
培养目标	会学先	能争先	敢当先
培养路径	以先贤为明灯，学习先进文化，向先锋人物学习	以"全面+个性化发展"为育人模式	美美与共，个性培养；以冠军培育冠军，以展示促才艺提升

图 3-1　先锋教育特色课程目标

二、课程价值

通过先锋教育特色课程的实施，全面提升学校德育工作质量，优化先锋教育生态环境，提高先锋教育品质，实现"上品教化"升级版。

一是以人为本：优化先锋德育人文生态环境。不断优化风清气正、阳光向上的师风。以先锋学子为中心，遵从先锋学子天性，尊重先锋学子个性，因材施教，生生不息。

二是服务生活：优化先锋教育实施路径。在生活中育先锋德，知行合一，改造先锋学子的教育生活。

三是育德于美：优化先锋教育文化美德。打造师德高尚、教人教己、言传身教的先锋教师团队。以风雅之师培育美德儿童，培育学生先锋美德情感，践行先锋美德情操，以美心促美行，培养先锋美德小公民。

四是关注心灵：优化美心教育。办有温度的先锋教育，培养勇于开拓、敢为人先、不甘人后、追求卓越的先锋少年。

三、实施途径

一是文化育人。以文化人、以文育人，以先锋育先锋，充分发挥百年先锋的优秀文化传统，培养具有人文情怀、责任担当、优雅气质、乐观豁达的现代公民。

二是活动育人。把先锋教育活动主题化、系列化、精品化，充分发挥先锋教育活动的品牌魅力，丰富先锋学子的校园生活，构建先锋教育独特的活动文化，充分发挥活动育人的功能。

三是实践育人。以生活教育理念为指导，优化先锋教育文化实施路径，坚持知行合一，实施实用德育、生活德育，强化德育与生活的融合，形成具有先锋特色的文化德育特色，提升德育质量。

四是课程育人。推行先锋德育活动课程化，优化先锋教育德育校本课程体系。融合国家课程、地方课程，形成完善的先锋小学文化德育课程体系。

五是协同育人。充分发挥"家庭—学校—社区"三位一体的教育网络作用，构建家校协同教育共同体，发挥教育整体效应，提升德育实效。

六是管理育人。深化少先队组织建设、班级创意文化探究、学校评选制度等，提升管理育人效能。

四、课程体系

学校秉持开拓进取、勇于担当的先锋精神，以培养"会学先、能争先、敢当先的全面发展的先锋学子"为办学特色，构建了含有学先课程、争先课程、当先课程三大模块的先锋教育特色课程体系（见图3-2），着力培养学生的进取心、行动力、意志力、责任心、担当力和创造力，充分发挥文化德育效能，助力学生步步争先，领潮争先。

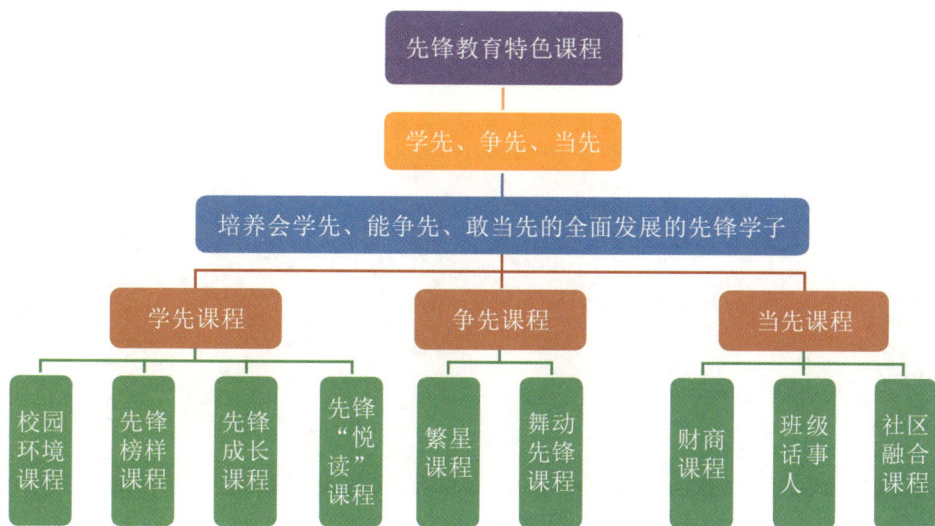

```
            先锋教育特色课程

            学先、争先、当先

   培养会学先、能争先、敢当先的全面发展的先锋学子

   学先课程          争先课程          当先课程

校园   先锋   先锋   先锋        繁星   舞动        财商   班级   社区
环境   榜样   成长   "悦        课程   先锋        课程   话事   融合
课程   课程   课程   读"              课程              人    课程
                    课程
```

图3-2　先锋教育特色课程体系

（一）学先课程

学先课程模块下包含四门课程，分别是校园环境课程、先锋榜样课程、先锋成长课程和先锋"悦读"课程。学先课程模块旨在通过学榜样、学先贤、学先进文化，引领学生传承先锋教育文化，使学生打牢基础，形成学先的态度、情感、价值观。

1. 校园环境课程

环境是重要的教育资源，环境课程是先锋文化德育的隐性课程，对学生成长起到潜移默化的作用。校园环境是一所学校的办学理念、个性风格、人文精神的综合外观，对学生的成长与发展起着陶冶情操、砥砺德行的作用。先锋小学以环境育人为出发点，围绕先锋教育理念体系，以岭南文化（先锋巷文化）为载体，打造高品位的环境文化，让学校每一处环境都成为课堂，让环境"说话"。

（1）制作校园文化手册。

学校以图文结合的方式，制作校园文化手册（见图3-3）。手册中不仅介绍了学校的历史变迁和校园环境设计，还讲述了校园里一草一木、一园一景、一楼一廊的内涵与故事，作为每一届新生入学的第一份礼物。同时，学校注重培养校园讲解员，向新生、家长、外来嘉宾讲述校园故事，展示校园风采。

图3-3　校园文化手册例图

（2）开展环境活动课程。

学校依托地理位置资源和历史文化，布局了先锋文化校园景观，主要包括先锋巷、学校理念墙、繁星墙、风雨廊、艺馨堂、"三堂凤舞"

雕像（见图 3-4）、励志园（见图 3-5）、先锋堂（见图 3-6）、先锋轮滑主题公园（见图 3-7）、先锋故事墙、创文廊、先锋舞台、主题书吧等。

图 3-4　"三堂凤舞"雕像

图 3-5　励志园

图 3-6　先锋堂

图 3-7　先锋轮滑主题公园

学校以校园景观为基础，开展各种活动课程，例如，入学活动（校园路径图、新生校园寻宝活动、在先锋舞台举行入学礼等）；校园里的博物课程（长廊、园、堂、故事墙、花草树木等的研学）；特色课程基地（轮滑课程）；"我最喜爱的校园风景"系列比赛（写作、摄影、绘画等）；"校园里找春天"系列活动；手绘校园地图比赛；"我是校园小导游"比赛；"校园，我的家"环保活动；毕业课程（校园风景、校园活动纪念卡等）。开展环境活动课程的意义在于构建隐性课程，在潜移默化中向学生渗透学校文化理念，演绎先锋教育理念，更好地促进先锋教育核心素养的培育。

2. 先锋榜样课程

自学校成立以来，先锋精神一直是学校的文化图腾，20世纪40年代，"先锋部队"赋予了先锋精神开拓创新、时代担当的内涵。随着21世纪的到来，"世界冠军"又为先锋精神增添了卓尔不凡、锋从砺出的新内涵。尽管随着时代的发展，先锋精神的内涵在不断丰富，领潮争先却一直是先锋学子的不懈追求。为传承百年先锋文化，发展优秀文化德育效能，学校开设了先锋榜样课程（见表3-1），引导先锋学子学习榜样，培养勇于担当、敢为人先的先锋品质，传承和发扬先锋精神，为自己的人生增添色彩。

表3-1　先锋榜样课程

课程主题	主要内容	课程实施	课程评价
先锋足迹	结合先锋故事墙、先锋堂陈列的校史资料，挖掘、汇编前人的先锋事迹，形成校本课程教材供学生使用	先锋大讲堂	活动展示
先锋故事	邀请在各行各业有杰出成就的和进入更高求学阶段的优秀毕业生回母校，分享成长经历和成功经验，传经送宝	先锋大讲堂	
年度感动校园十大先锋人物评选	通过推荐选举出每一年先锋小学在各领域中的教师、学生、家长、社会人士杰出代表，为先锋学子树立身边的榜样、人生成长过程中的明灯	每年12月组织实施活动课程	
先锋之星	设立"先锋之星"评选活动，选出学生中的优秀代表，发挥同伴间的榜样力量	班队课	

该课程分为四大主题,分别是"先锋足迹""先锋故事""年度感动校园十大先锋人物评选""先锋之星",每个主题都有不同的内容。"先锋足迹"主要基于校史挖掘前人的先锋事迹,让学生以史明志、以史明己;"先锋故事"主要是邀请优秀毕业先锋学子回校分享,让学生从校友的故事中得到启发,获得力量(如图3-8,先锋大讲堂之"世界冠军回母校");"年度感动校园十大先锋人物评选"为一年举办一次,选出学校各领域的杰出代表,引导学生学习身边的榜样;"先锋之星"旨在发挥同伴间的榜样力量,激励学生互相进步,在良性竞争中成长。

图3-8 先锋大讲堂之"世界冠军回母校"

先锋小链接

"年度感动校园十大先锋人物"活动课程方案

为了进一步树立先锋榜样,发展先锋榜样教育效能,倡导正能量,学校通过每年开展"年度感动校园十大先锋人物"评选活动,把过程变成教育的途径,把结果变成先锋教育榜样的"教材",引领师生、家长正向成长。

【指导思想】

为深入贯彻落实社会主义核心价值观教育，不断加强学生思想道德建设，在全校范围内掀起弘扬正气、歌颂真情、倡导真善美的热潮，我校将开展"感动校园十大先锋人物"评选活动。

【活动主题】

感动校园，我身边的榜样

【活动口号】

发现感动·表达感动·传递感动·共享感动

【评选对象】

全校师生、家长、校工、关心学校发展的社会人士。

【活动安排】

阶段	时间	活动内容
第一阶段：启动	第七周	利用国旗下讲话、主题班会、教职工大会、学校网站、微信平台等渠道进行广泛宣传
第二阶段：海选	第八周	各班利用班队活动课，推荐"感动校园十大先锋人物"候选人
第三阶段：宣传候选人事迹	第九周至第十二周	1. 候选人填写推荐表； 2. 利用海报宣传候选人事迹； 3. 各班组成宣传队宣传候选人事迹； 4. 利用微信平台宣传候选人事迹并发动全校师生投票
第四阶段：表彰奖励	第十三周	1. 统计投票结果； 2. 通过网络公布评选结果； 3. 在书香艺术节上对评选出来的"感动校园十大先锋人物"进行颁奖

3. 先锋成长课程

小学阶段是学生习惯养成的关键期，也是品德和人格的重要发展期，因此学校开设了先锋成长课程，包括成长品质课程（厚德课程）和成长三礼课程两大部分。成长品质课程重在培养学生的良好习惯和优良品质，起到培根固本之效；根据不同年级学生的年龄和心理特征以及现实需求，分为行为养成、诚信、爱、生命、感恩等五大主题教育，课程具体内容见表3-2。成长三礼课程是通过仪式活动，如新生入学礼、十岁生日礼、感恩毕业礼，记录学生人生重要阶段中的成长印记，使学生逐步明确自己的责任与担当，课程具体内容见表3-3。

表3-2　成长品质课程（厚德课程）

年级	课程主题	主要内容	课程实施	课程评价
一、二	行为养成教育	开展文明礼貌用语、卫生习惯、学习习惯、爱护公物等专题学习和体验活动，让"做最好的自己"在学生的心中生根发芽	单周的一节综合实践课	课堂展示
三	诚信教育	1. 学习"诚信教育"校本读物； 2. 观看诚信主题的影视作品； 3. 开展"诚信辩论会"等主题活动		
四	爱的教育	1. 学习"爱的教育"校本读物； 2. 在学校和社区开展各类志愿活动； 3. 开展"爱的故事分享会"等主题活动		
五	生命教育	1. 学习"生命教育"校本读物； 2. 与特殊儿童结对帮扶； 3. 举办"珍爱生命"演讲比赛等活动		
六	感恩教育	1. 学习"感恩教育"校本读物； 2. 举办感恩专题讲座； 3. 开展"感恩父母""感恩老师"等活动		

表 3-3　成长三礼课程

年级	主题	活动内容与流程	课程评价
一	新生入学礼	一年级新生入学礼： 1. 拜先圣； 2. 校长训辞； 3. 行拜师仪； 4. 教师训词 新旧教师师徒结对仪式： 1. 行拜师仪； 2. 颁发证书	活动展示
五	十岁生日礼	1. 玩：亲子游戏； 2. 讲：成长故事； 3. 读：勉励家书； 4. 写：感恩心声； 5. 宣：成长宣言； 6. 乐：欢乐派对	
六	感恩毕业礼	毕业礼"六重奏"：一本毕业画册、一辑毕业视频、一封感恩书信、一场毕业会演、一套校园风景纪念卡、一张校友通行证	

4. 先锋"悦读"课程

书籍是文明的重要载体，阅读中外圣贤的著作，吸取他们的思想精华，可以给我们启迪，引领我们前进；阅读自然现状与科技发展的书籍，能使我们更好地了解当下的社会发展，促进自我成长。基于这样的目的，学校在校内建设"主题书吧"，营造阅读的氛围；构建先锋"悦读"课程，让学生通过阅读学先贤、学先进，传承文明，促进发展。并且，为展示课程成果，学校每年都会举办一次校园书香节活动，建设书香浓郁的先锋校园，让学生在多彩活动中享受阅读的快乐、学习的快乐、生活的快乐，争当领潮争先的先锋少年。

先锋"悦读"课程主要分为经典诵读（见表 3-4）和自主阅读（见表 3-5）两种方式，既用统一的方式保证学生的基本阅读，培养学生的阅读习惯；又依据学生的年龄、个性特征，给予不同层次的学生自由选择的空间，丰富学生的阅读体验。

表 3-4　经典诵读

年级	内容（书名）	实施方式	课程评价
一、二	《千字文》	1. "朝诵"：每天早晨诵读 10—15 分钟，可采取集体诵读和自我诵读的方式； 2. 低年段：教师浅讲、日常要求；中、高年段：教师浅讲、延伸阅读	书香节展示
三	《声律启蒙》		
四	《三字经》		
五	《幼学琼林》		
六	《论语（选编）》		

表 3-5　自主阅读

年级	内容（书名）	要求	实施方式	课程评价
一、二	《舒克和贝塔历险记》《安徒生童话》《你是特别的》《弟子规》《一千零一夜》《亲近母语》《三毛流浪记》	1. 一本精读，四本略读； 2. 以绘本、拼音读物为主； 3. 每学年课外阅读总量不少于 5 万字		课堂展示与书香节展示
三、四	《爱的教育》《昆虫记》《格林童话》《西游记（少儿版）》《中华经典诵读本》《中	1. 三本精读，八本略读； 2. 从童话、故事到中短篇小说，形式	1. "夕拾"：倡议学生每天回家自觉阅读不	

（续上表）

年级	内容（书名）	要求	实施方式	课程评价
三、四	华美德故事精选》《我们的母亲叫中国》《伊索寓言》《十万个为什么》《中外名人故事》《寄小读者》	更加多样；3. 每学年课外阅读总量不少于 40 万字	少于半小时，低年级的学生可以进行亲子共读；2. 班级阅读课；3. 书香节活动；4. "悦读"文学社	课堂展示与书香节展示
五、六	《稻草人》《青铜葵花》《中华经典诵读本》《居里夫人》《童年》《三寄小读者》《红楼梦（少儿版）》《城南旧事》《小学生必背古诗 80 首》《钢铁是怎样炼成的》《中国当代儿童诗歌选》《上下五千年》《假如给我三天光明》《鲁滨孙漂流记》《我要做个好孩子》	1. 五本精读，十本略读；2. 以中篇小说为主，长篇小说为辅；3. 每学年课外阅读总量不少于 100 万字		

　　文以载道，以阅读为载体，引导学生学习先贤思想文化，提升学生的语文素养，发挥先锋"悦读"课程文化育人功能。为多角度、全面性地评价学生的阅读情况，先锋"悦读"课程建立了三维评价体系，包括自我评价、教师评价和活动评价。

　　自我评价方面，学校根据不同年级段设计了不同的"先锋'悦读'文化·阅读记录册"。手册主要分一至三年级、四至六年级两类（见表 3-6 和表 3-7），每周一张，内容囊括了所读书籍的信息、个人的读书笔记、自我评价和家长监督等。手册的设计初衷在于培养学生良好的阅读习惯，学会做阅读记录，有所收获，记录自己的阅读成长痕迹。

表 3-6　先锋"悦读"文化·阅读记录册（一至三年级）

我阅读的时间		书名		主要人物	
我喜欢的词语				读书页数	
我的感受					
家长签名			自己评价	☺　☺　☹	

表 3-7　先锋"悦读"文化·阅读记录册（四至六年级）

第　　周	书名：		作者：		国籍：	
每天阅读页数	星期一	星期二	星期三	星期四	星期五	星期六　星期日
日积月累	内容简介：					
	我积累的好词：					
	我积累的优美句子：					
	我最喜欢的人物是： 因为他（她、它）：					
	最精彩的片段（文段摘抄）：					
读后感想	读了之后，我想说：					
评价与签名	自我评价： 1. 坚持每天阅读至少 30 分钟（　　） 2. 养成读书做圈点批注的习惯（　　） 3. 乐于与他人交流阅读感受（　　） 4. 能自觉完成读书卡（　　） 家长签名：					

教师评价方面，其内容分为两部分，一是学生在校的日常阅读表现，二是"先锋'悦读'文化·阅读记录册"的填写情况。

活动评价方面，一是每月评选班级"悦读之星"若干名，学校颁发奖状，激发学生的读书兴趣；二是学校每学期进行"书香班级"的评比活动，并给予奖励。具体要求如下："悦读之星"——热爱阅读，平时能坚持读书，并认真写"先锋'悦读'文化·阅读记录册"。"书香班级"——班级图书角的书能在学生中进行传阅，建设书香教室；学生能够主动借阅图书，形成良好的班级阅读氛围。"书香家庭"——亲子共读，建好家庭书房（或书架、书角），每周坚持亲子共读不少于 2 小时，形成良好的学习型家庭氛围。

漫步先锋校园，学生们手捧着书，在书吧里争辩，在长椅上共读，在书室里静赏……通过形式多样的先锋"悦读"课程，让阅读成为学生的一种生活方式，成为学校的美丽风景，让阅读浸润出一种先锋气质。

先锋学子通过参与校园环境课程、先锋榜样课程、先锋成长课程和先锋"悦读"课程，从可接触的外在环境到自身的内在心灵环境，全方位地浸染在先锋文化中，形成学先的态度、情感、价值观，为个人的全面发展筑牢思想根基。

（二）争先课程

争先课程模块包含两门课程，分别是繁星课程和舞动先锋课程。本课程模块的核心词是"争"，学会与己争，今天争做最好的自己，明天争做社会各界先锋；学会与他争，学会竞争，步步争先，跌倒了爬起来，继续出发。本课程旨在形成先锋教育文化中独特的文化特色，树立鲜明的"争"德，在"争"中育德，在行中强知，实施"上品教化"。希望通过争先课程的学习，旨在培养学生持有积极的进取心、敏捷的行动力，以及面对挫折时百折不挠的意志力。

1. 繁星课程

学生如同天空中的繁星，每一个都应闪耀着自己的光芒。学校重视学生的个性化发展，致力激发学生的潜能，让学生拥有一个不一样的童年，因此积极开设繁星课程（见表3-8）。繁星课程主要面对三至六年级的学生，下设艺术课程、体育课程、科技课程，每个细分课程的主题内容丰富多样，为学生的全面发展提供资源支持，提供积极进取、自主发展的德育平台，帮助学生发现并发展自我潜能，提升自信，争做最好的自己。

表3-8　繁星课程

年级	课程主题	主要内容	实施形式	课程评价
三至六年级	艺术课程	葫芦丝、吉他、电子琴、尤克里里、街舞、拉丁舞、中国舞、水墨游戏、硬笔书法、软笔书法	双周的一节综合实践课	1. 考核；2. 活动展示
	体育课程	田径、轮滑、武术		
	科技课程	科技小发明、小小科学家（物理、天文、生物、化学、机器人）、无线电测试		

💡 **先锋小链接**

繁星计划
—— 先锋小学培养学生个性化发展方案

【指导思想】

依据多元智能理论、"影子学校"理念、新教育理论，并立足先锋教育理念与先锋小学教育文化的传承与发展，制订促进学生个性化发展方案。

【培养目标】

一人一特长：让每一位学生做最好的自己，让每一位先锋学子充满自信。

【培养策略】

（1）一人一特长。在校本课程"体艺2+1"项目基础上，进一步精准发展学生特长，有效提升学生个性化发展。

（2）加强教育宣传，提升教师、家长、学生的个性化发展意识，统一认识与行动。

（3）深化学校校本课程，通过选修课、必修课、社团活动、活动课程等，大力促进学生个性化发展。

（4）部分先行，让部分学生先发展起来，起领先作用。

（5）校内外结合，帮助部分有能力、有意识的家长、学生，实施"影子学校"计划，着实发展学生个性，让部分学生受到"准专业"发展。

（6）建立激励机制。

①学校每年为学生个性化发展设立专项奖项，让每一位学生为自己颁一个"年度个性发展奖"（如××之星）。

②以赛促发展。通过组织学生参加校内外比赛，加强学生与志趣相同的同龄人的交流学习。

【具体实施】

（1）家长培训：通过家长学校加强理论学习，提升家长意识。

（2）家校协同：让家长与教师共同为学生制订学生个性化成长计划。

（3）构建个性化发展平台，为学生提供更多的展示机会。

（4）每年六月结业礼上组织"为自己颁一个奖"活动，让家长、学生、教师一同商议，确定本学年学生的个性发展特点并命名。结果在校门口宣传栏上登出。

2．舞动先锋课程

舞动先锋课程主要包括先锋轮滑课程、体育舞蹈（体育2+1）、"三堂凤舞"民俗文化课程三大板块（见表3-9），三大板块各有特点又互相交融。

表 3-9　舞动先锋课程

课程主题	课程内容		实施形式	课程评价
先锋轮滑	1. 轮滑运动的起源； 2. 轮滑运动的分类； 3. 花样轮滑的训练原则； 4. 花样轮滑基本技术定义； 5. 花样轮滑艺术编排； 6. 花样轮滑基本技术学习； 7. 轮滑校本课程主要特点		体育课、轮滑社团	1. 随堂评价； 2. 任务性评价； 3. 阶段性测试评价； 4. 学习态度评价； 5. 学年技能评价
体育舞蹈	知识学习	1. 体育舞蹈的历史与发展； 2. 体育舞蹈的种类介绍； 3. 体育舞蹈的礼仪 ……	大课间、社团	活动展示
	实际操练	1. "我相信"——韵律操； 2. 恰恰舞； 3. "快乐宝贝"——活力健身操		
"三堂凤舞"民俗文化	知识学习	1. "三堂凤舞"的历史与发展； 2. "三堂凤舞"的文化表现形式； 3. "三堂凤舞"的文化内涵	"三堂凤队"社团	
	文化德育形式	知凤舞、学凤舞、传凤舞		

　　先锋轮滑课程源于 1993 年学校正式确定"轮滑"为重点发展的体育项目，起初仅作为单纯的速滑项目，后来由于学校培养了中国第一个轮滑世界冠军，先锋轮滑在全国占有一席之地。2016 年 9 月，为了满足先锋轮滑的继续发展，学校新招了全国轮滑冠军运动员范俊斌作为轮滑专任教师，增加了自由式轮滑项目，使先锋轮滑朝向多元发展，满足更

多学生对于不同项目的学习需求。同时，在广东省轮滑运动协会的大力支持下，学校创编了第一套轮滑专项的教学课程。2018 年，学校再次聘请一名专业轮滑专任教师，满足了全校学生每周一节轮滑课的教学需求，真正实现轮滑项目的全员培养。

在广东省轮滑运动协会的大力支持下，学校十分重视轮滑课堂教学研究，通过多种方式努力提升课堂教学质量，例如，经"问题即课题"开展轮滑教研，以学科融合作为切入点，努力开展轮滑体育舞蹈研究；创编第三代"三堂凤舞"，并在番禺区民俗文化节、"番禺春晚"、番禺恳亲大会等舞台上展演，得到人民群众的欢迎与高度认可。

作为轮滑运动的品牌学校，先锋小学肩负着发展与推广轮滑运动的责任，因此形成了独特的轮滑运动文化。先锋小学作为"三堂凤舞"传统民俗文化的传承基地，传承与发扬凤舞文化责无旁贷，开创了"踩着轮滑'三堂凤舞'"的独特传承方式，形成了轮滑与"三堂凤舞"相融合的独特运动艺术文化。在此基础上，创建先锋小学"轮滑·凤舞"课程，以"轮滑·凤舞"文化磨砺先锋德品、德行。

坚持"五育"并举，全面发展素质教育，培养高素质人才是当前基础教育的重点工程。基于此，争先课程围绕"争"的内涵，多措并举，扎实地开展美育和体育工作，将"五育"的培育融入美育、体育活动。通过丰富多样的美育课程和体育课程，培养学生的实用技能，陶冶学生的情操，让学生在美的熏陶中习得先锋精神，步步争先，学会与己争、学会与他争，在"争"中育美德、体育道德。

（三）当先课程

当先课程模块包含三门课程，分别是财商课程、班级话事人、社区融合课程。三门课程分别对应了个人、班级（学校）、社区三个维度，以"比同龄人多学一点点、多做一点点、多想一点点"，达到"步步当先"的目的。通过该课程模块的学习，培养学生的创造力、责任心和担当力，帮助他们实现"今天做最好的自己，明日当各界的先锋"的目标。

课程模块的关键词是"当"，一要能当，在能力上追求提升，从小学真本领，为教师、父母、同学服务，培养合格的社会主义事业接班人；二要敢当，从小立志，培养具有先锋志气的学子，敢于引领潮流，敢于追求卓越，拥有敢为人先的勇气与志气，将来成为社会各界的精英。这是先锋教育文化的终极培养目标。因此，本课程模块旨在培育先锋教育文化的德品、德魂，立品高远，志在当先。

1. 财商课程

随着社会的发展和科技的进步，大多数学生生活在物质丰富的环境里，如果没有对学生进行正确的引导，受社会的不良风气影响，学生容易养成"金钱至上"的观念。为培养具有先锋志气、为社会服务的先锋学子，我们需要对学生进行正确的金融理财教育，帮助学生树立正确的金钱观、价值观与人生观，引导学生了解金钱、懂得管理金钱、知道金钱来之不易，培养学生的财商素养。

学校的财商课程以生活教育理念为支撑，注重知行合一，采用"金融知识课＋综合实践课"的形式开展，启蒙每一位学生的金钱观、消费观和财富观。希望学生通过这门课程的学习，提升财经素养，学会理财，学会生活，增强自我创造力，从而提升独立思考能力、社会担当力，践行"爱国、敬业、诚信、友善"的社会主义核心价值观。

财商课程下设金融知识教学（见表 3-10）和综合实践活动（见表 3-11），让学生学习理论知识的同时，懂得在实际实践中应用知识；在实践过程中发散思维，进一步巩固理财知识，了解更多的内容。

表 3-10　财商课程金融知识教学

年级	主讲人	课程主题	课程实施	课程评价
一至六年级	家长讲师团	如何管理好自己的零花钱、拒绝冲动消费、人民币的发展、银行卡的安全使用、移动支付的未来与发展……	每年3月组织活动课程	活动展示
五、六年级	教师	学习《金融理财知识教育读本》		

表 3-11　财商课程综合实践活动

实施场地	年级	活动主题	主要内容	课程实施	课程评价
校外	一、二年级	购物小助理	每月独立完成一次家长交给的购买日常用品的任务	家校协同教育、社区融合教育	成果展示
	三、四年级	今日我当家	每月当一天家，负责安排家庭一天的花费与购买用品，包括制作各项支出计划与记录实际消费情况；认真记录家庭某一个月的收支明细		
	五、六年级	影子行动	在寒暑假时间，到家长或亲戚朋友的商铺或金融机构中学习，进行为期两周的"影子行动"，掌握"实战"的财经知识	家校协同教育、社区融合教育	成果展示
校内	一至六年级	红领巾跳蚤市场	开设红领巾跳蚤市场，创建小商铺并进行角色分配。一至四年级学生扮演买家，五、六年级学生扮演商家，在买卖中学习财经知识	每年 3 月组织活动课程	活动展示
		小小银行家	学校大队部成立"先锋小银行"，学生将自己的零花钱和在红领巾跳蚤市场中的盈利存入银行，将其作为帮助困难家庭学生的基金	少先队大队部负责实施	日常行为

2. 班级话事人

如何让学生融入班级、热爱班级？首先要让学生拥有主人翁的意识。只有当学生认为自己是班级的主人，在班级中找到归属感，学生才会对班级产生责任心和集体荣誉感。因此，学校推行"班级话事人"课程，实施班务全员化管理，推动班级管理创意文化建设，让每一位学生都有自己负责的一件"事"，教育、引导学生学会做事，培养学生的责任心、执行力，以成事促成人，发挥先锋管理育人功能。

本课程分为班级名片创设、班级环境布置和班级管理制度建构三大主题（见表3-12）。其中，班级名片创设、班级环境布置主题重在培养学生的创造力，班级管理制度建构主题旨在帮助每一位学生在集体中找到合适的位置，担负起一项具体的管理工作，使人人都为班集体做贡献，进而培养学生的责任心和担当力。此外，该课程的岗位设置参考见表3-13。

表3-12　班级话事人课程

课程主题	主要内容	课程评价
班级名片创设	设计富有寓意的班级名片，包括班级名称、班级合照、班级精神、班级先锋榜样、班级愿景、班训、班徽、班歌、班旗等	每学期进行"最美班级"评选
班级环境布置	供养绿植美化教室，设计教室功能区并进行个性化装扮，如读书角、艺术角、生活角、宣传角、心情树、黑板报等，营造温馨和谐的班级环境	
班级管理制度建构	在保持班队干部职数的前提下，增设班级管理岗位，让每位学生都参与到班级管理当中，都成为班级的小主人。可以采用"班务工作招领"或"竞岗演说"等方式，轮岗或者竞岗	每月在班级里进行"岗位小能手"评选

表3-13　班级管理制度建构课程岗位设置

类别	岗位	职责
学习类	各科科代表	负责帮助教师收发作业，记录不交作业同学名单
	学习组长	负责提升学习小组的学习兴趣
	金嗓子领读员	需要领读的科目各设一位领读员，负责该科开课前、早午读的领读
服务类	医护小天使	负责带受伤或生病的同学找校医
	金钥匙	负责管理班级钥匙，早上开门，下午放学后关门

（续上表）

类别	岗位	职责
服务类	小书童	负责整理班级图书角、同学借书还书事宜
	金牌护卫	负责清点乘车人员人数及路队管理
	节能小卫士	负责班级同学离开教室时关灯关风扇
	护绿小天使	负责班级绿色植物的管理
	讲台小看护	负责讲台的日常整理工作
	伞架小助手	雨天时候负责雨伞的摆放
	窗台美容师	负责窗台及玻璃的清洁，发现不干净的地方及时清理
	积分统计员	负责每周评比分数的统计和公布
行为规范类	领操员	负责早操的领操
	眼操小医生	负责眼操的领操或监督同学们做眼保健操
	和平大使	负责维持课间的秩序，解决同学间的矛盾、争端
	环保小卫士	负责监督同学们吃完东西后把垃圾扔进垃圾桶
	午饭小督察	负责管理班级午饭情况
	午休小督军	负责管理班级午休情况
	黑板小管家	负责监督值日生擦黑板
	课前提示员	负责监督同学做好课前准备，调整状态，为上课做准备
	桌椅管理员	课间负责监督桌椅的整齐摆放

3. 社区融合课程

学校是学生学习的重要且关键的环境，但不是绝对环境。学生最终要面对的是整个社会，因此学校必须注重"生活即教育"的理念，让学生走出课本、走出课堂、走出校园，接近社会，突破传统的知识授受方式，将教育植根于现实生活。

社区融合课程是一门实践性、自主性、开放性、综合性的课程，以主题活动的形式开展，能够让学生走进社区，获得直接经验，理解社会。学生积极参与社区活动，践行社会服务，从而更好地适应社会生活。在活动过程中，有助于培养学生的创新精神和实践能力，增强学生的社会责任感和使命感。课程主题参考表3-14。

表3-14　社区融合课程主题

课程主题	内容说明	课程实施	课程评价
我为社区做贡献	针对社区管理和社区居民的实际需求，利用自己的知识和技能为社区提供力所能及的服务，如打扫卫生、维护环境、敬老爱老、亲情陪伴、科普宣传等；在班级交流分享参与过程与感悟体验，增强服务他人和社会的意识	家校协同教育、社区共建融合教育	1. 活动精彩瞬间和个人风采照片展示； 2. 完成活动记录表； 3. 进行活动主题演讲比赛
环保宣传员	调查和发现身边存在的环境问题，分析可以采取的措施和解决办法，开展环境保护宣传活动，体验绿色生活方式，树立保护环境、节约资源的观念和生态意识		
走进敬老院、福利院	走进学校周边的敬老院、福利院、医院及社会救助机构，利用自己掌握的知识和技能，开展力所能及的志愿服务活动并长期坚持；培养关心他人、热心公益、积极为需要帮助的人提供帮助和服务的意识，增强社会责任感		
远离毒品，珍爱生命	收集文献、访谈专家、观看展览，获得有关毒品预防的知识；承诺自己能够拒绝毒品；制作宣传手册，在社区中进行"远离毒品，珍爱生命"的宣传活动，树立珍惜生命、远离毒品的意识和社会责任感		
普法志愿者	了解宪法、消费者权益保护法、道路交通安全法等法律法规的基本内容；结合国家宪法日、国家安全教育日、消费者权益日等走进社区，开展形式多样的普法宣传活动，增强法治意识和法治精神，提高志愿服务意识		

交叠影响域理论①认为，家庭、学校和社区对儿童的成长，以及三者之间的关系发生了交叠影响，家庭、学校和社区是家校关系中的"合作伙伴"。这就说明要想促进学生的全面发展，就要将学生置于家庭、学校和社区这三个系统中，并让这三个系统产生协同共育的效应。当先课程正是以个人、班级（学校）、社区三个维度为出发点，让学生可以在"三位一体"的助力下，通过多元化的学习和实践平台，不断提升创造力和担当力，立品高远，做到"比同龄人多学一点点、多做一点点、多想一点点"，最终实现"步步当先"。

---

① 美国的全美家校合作联盟研究中心主任兼首席科学家爱普斯坦（Joyce L. Epstein）提出的理论。

第二节 先锋轮滑，步步争先

导言

> 以先锋激励先锋，以冠军培育冠军。先锋小学以近三十年的坚持，以先锋人不变的初心，以"锋从砺出"的决心，以不甘人后的信心，以一个又一个的冠军，续写着先锋冠军故事，铸就先锋轮滑教育品牌。

2019年2月1日，习近平总书记在位于北京石景山首钢园区的国家冬季运动训练中心，勉励冰雪运动员：把握北京冬奥会的历史机遇，举办北京冬奥会、冬残奥会，中国冰雪运动将会上一个大台阶。这是百年不遇的历史机遇。习近平总书记强调，体育强则国家强，国家强则体育强。通过北京冬奥会把我国冬季冰雪运动发展起来，这就是我们的希望。①2019年12月23日，国家体育总局社会体育指导中心轮滑部主任张娜莅临学校指导轮滑教育，并欣然题词"轮星璀璨，勇争先锋"，激励先锋小学继续发展轮滑事业。②先锋小学轮滑教育坚持融合创新实践探索，形成了先锋轮滑教育品牌。

一、课程背景

《中共中央、国务院关于深化教育改革全面推进素质教育的决定》中明确提出，全面推进素质教育，要面向现代化、面向世界、面向未来，必须把德育、智育、体育、美育等有机地统一在教育活动的各个环节中。

---

① 新华社. 习近平勉励冰雪运动员：把握北京冬奥会的历史机遇[EB/OL]. (2019-02-02)[2021-11-10]. https://baijiahao.baidu.com/s?id=16243310707174955727&wfr=spider&for=pc.

② 书稿后题字图片日期写成25日系笔误。

把先锋轮滑作为学校的品牌课程，不仅是学校特色发展的重要一环，更是学校推进素质教育的必要手段。教育，既要促进个体的全面发展，也要符合社会公共利益，具备人文主义的教育观和发展观。而先锋轮滑既蕴含着文化德育的价值，也承载着先锋教育的文化内涵和精神品质。

（一）顺应客观需求

随着新一轮基础教育课程改革的不断深化，学校的教育教学工作迎来了更多新的挑战。在未来，我们必须思考可以从哪些方面入手继承优秀教育传统、革新教育教学模式。先锋小学顺应客观需求，以上级政策为指引，打造校园特色品牌，以达到促进学生全面发展的目的。

1. 基于落实教育部《中小学德育工作指南》中"德育目标"的指引

2017年8月，教育部发布的《中小学德育工作指南》（教基〔2017〕8号）指出，教育的总目标是"培养学生爱党、爱国、爱人民，增强国家意识和社会责任意识，教育学生理解、认同和拥护国家政治制度，了解中华优秀传统文化、革命文化、社会主义先进文化，增强中国特色社会主义道路自信、理论自信、制度自信、文化自信，引导学生准确理解和把握社会主义核心价值观的深刻内涵和实践要求，养成良好政治素质、道德品质、法治意识和行为习惯，形成积极健康的人格和良好心理品质，促进学生核心素养提升和全面发展，为学生一生成长奠定坚实的思想基础。"我国正处在实现"两个一百年"战略目标的关键阶段，立德树人成为学校一切工作的核心。

2. 基于《番禺区教育发展"十三五"规划》关于推进文化德育的要求

2017年6月，广州市番禺区教育局印发的《番禺区教育发展"十三五"规划》中提到要"重点推进文化德育行动研究"。文化德育是推进番禺教育持续发展的时代新方略，是推进番禺教育特色发展的时代新需要，是实现番禺教育全局发展的时代新使命。文化德育就是以优秀文化浸润生命。

先锋轮滑课程正是基于文化德育的背景，从校情和生情出发，将内容不一、形式多样的活动按照课程理念加以整合，使之成为较为稳定、便于实施的课程，从而有效地打开了学校文化德育工作的局面。学校始终坚持以健康第一为导向，将轮滑技能训练与品德培养、习惯养成相结合，优化育人过程，通过多样的教学方式发展学生的身体素质和人格品质。

3. 基于打造先锋教育特色品牌的需要

学校致力于打造先锋教育办学特色。自 2009 年先锋学子范楚倩夺得中国第一个速度轮滑世界冠军后，学校就将轮滑运动定位为校园传统项目。2016 年，学校通过申报评审，被认定为广州市体育（轮滑）传统项目学校、番禺区义务教育阶段特色学校。学校把握文化德育内涵的深度和广度，进一步将轮滑运动和学校文化相结合，以轮滑运动为载体，用文化德育引领学校的德育课程发展，从各方面挖掘并提炼校园轮滑的育人内涵，整合开发系列轮滑课程，全面普及轮滑运动，提升学生综合素质。先锋轮滑课程成为践行学校办学思想、构建校本德育课程体系、深化学校品牌建设的抓手。

4. 基于促进学生全面发展的需要

"中国学生发展核心素养"提出，"健康生活"是学生自主发展中的一个重要素养，而健康生活需要健康人格，健康人格是学生成长和终身发展的核心素养。体育学科的核心素养也明确提出了健康行为与体育品德。因此，学校重视挖掘和拓展体育的育人价值，不断培养学生团结合作、集体观念、抗挫能力、诚实规则、社会适应等健康人格，促进学生的全面发展。

（二）品牌发展基础

1. 先锋轮滑的由来

从 20 世纪 90 年代初，先锋小学就把轮滑列为重点发展的校园体育项目，是当时本区域最早把轮滑教育列为学校教育项目的学校。在历代先锋人的拼搏下，2009 年 9 月，先锋学子范楚倩代表中国队，在浙江海宁参加轮滑世锦赛，一举夺得中国第一个速度轮滑世界冠军，改写了中国轮滑运动史。从此，轮滑运动与先锋小学的发展更加息息相关。

2010 年，广州市番禺区市桥街被评为全国轮滑之乡，为学校的轮滑项目发展提供了成长的沃土。同时，番禺区的轮滑运动在先锋小学的带领下不断发展。时任番禺区副区长张力仁（分管教育）曾在2018年番禺区教育会议上说："谁说番禺教育没有品牌？先锋小学的轮滑，就是番禺教育的一个响亮的品牌。"先锋小学的轮滑教育成为区域品牌。2020年，先锋小学被教育部评选为"全国校园冰雪运动特色学校"，先锋轮滑再一次站到了全国的轮滑运动舞台上。

2. 先锋轮滑的成长历程

近30年的风雨兼程，多少代先锋人的执着与拼搏，成就了先锋小学轮滑运动教育品牌之路。

1993年，轮滑项目被确立为学校教育重点项目。

1996年，学校成立先锋小学轮滑凤队，后拓展为龙凤队。

2005年，学校被评为广州市轮滑传统项目学校，得到了市、区各级行政部门的大力支持。

2009年，先锋学子范楚倩夺得中国第一个速度轮滑世界冠军，成为中国轮滑史上的里程碑，先锋轮滑成为中国轮滑史一个闪耀的名字，冠军精神在先锋小学扎根成长。

2010年，番禺区市桥街获评全国轮滑之乡，学校发挥着重要的推广引领作用，承担着应有的社会责任。

2016年，先锋轮滑在单一的速滑项目基础上，增加了自由式轮滑项目。学校提出"踩着轮滑传承'三堂凤舞'"的创新思维，得到番禺区文联的肯定，学校获得市桥唯一一个民俗文化"三堂凤舞"传承基地的称号，先锋轮滑也因此再添文化内涵。

2017年，学校提出先锋轮滑冠军精神，深挖先锋轮滑的教育内涵，并创编了第一套校本轮滑课程。

2018年，学校实现轮滑教育100%普及，实现轮滑教育进课堂，每位学生每周上一节轮滑课；7月，学校获得广东省轮滑锦标赛决赛拉龙项目冠军，是学校第一个广东省团体冠军。

2019年8月，学校参加全国轮滑锦标赛，获得第一个全国小学组轮舞亚军；9月，学校参加全国中小学生轮滑锦标赛，获得第一个全国团体冠军。同年，学校提出申报国家级传统项目学校的设想，以提升学校品牌站位，在全国轮滑之乡担当进一步推动轮滑项目的发展责任。

2020 年 10 月，学校荣获"全国冰雪运动特色学校"称号，先锋轮滑全面走上全国舞台。

先锋轮滑，秉承健康第一、全民健身的宗旨，坚守了近 30 年，在历代先锋人的创新发展下，培养出一代又一代的中国轮滑人才，滋养了一代又一代轮滑运动的爱好者，终成本区域第一品牌。

3. 先锋轮滑精神

轮滑运动不仅仅是一个体育项目，更具有一定的教育意义。体育的育人价值在于享受乐趣、增强体质、健全人格、锤炼意志。先锋轮滑教育紧抓这四个价值，充分发挥轮滑的育人功能。在现代学校中，出于安全、礼节等理由，人和人之间需要保持一定的距离，而轮滑运动则需要由身体接触带来的"粗鲁"而刺激的同伴关系，这是有趣、深刻与长久的，是其他教育的必要补充。轮滑运动，给了学生极大的自由度，让学生充分游戏和玩乐，在享受轮滑运动的过程中，用身体去感受这个世界。正如学生们说的："喜欢轮滑，是因为在轮滑中，有一种飞翔的自由感觉。"轮滑运动给了学生全面、充分发展感知力的机会，让他们慢慢发现自己的兴趣与潜能。兴趣是每一个人的灵性，这种灵性只有在自由舒展的过程中，才能内化为一个人的核心竞争力。轮滑运动，更令学生们学会人与人之间形成连接、达到公平，是养成责任的极好方式。伊顿公学的体育教训写道："学会赢，也学会输；学会领导，也学会被领导；学会做极致的自己，也学会做团队的一员；学会什么时候去奋斗，也学会什么时候去承认失败。这些都是我们成为一个人所要学习的内容。"先锋轮滑，不单是一项运动，更是一种先锋教育。

轮滑运动形象地把先锋小学教育文化付诸实践，在校训"步步争先"的引领下，以先锋教育理念"学先、争先、当先"为指引，逐渐形成了先锋轮滑精神。先锋轮滑精神是一种"胜不骄、败不馁"的精神，能够培养先锋学子"能赢、不怕输、不服输"的品质。

先锋轮滑以磨砺精神为基础，培育卓尔不凡的冠军精神，融合全人教育本质，在轮滑教育体验中，教育学生如何从小用心做好一件事，进而把先锋轮滑精神泛化为先锋教育意义，提出"今天做最好的自己，明日当各界的先锋"的教育培养目标，为国家培育德、智、体、美、劳全面发展的社会主义事业接班人。

二、课程架构

学校传承挖掘"先锋"的文化精髓，整合提升先锋教育的文化内涵，从顶层整体设计、研发轮滑教材切入，专设轮滑课，在日常轮滑课程和轮滑主题活动中提高学生的综合素质，培养身心健康、全面发展的先锋少年。

（一）课程目标

轮滑运动是一项竞技性很强的运动项目，本身蕴含着自尊、自立、竞争、合作、共赢等时代精神元素。在积极倡导社会主义核心价值观的今天，学校认为，培养学生的综合素养必须站在儿童立场上，通过适当的载体才能有效开展。因此，学校将培养学生综合素养融入先锋轮滑课程中，借轮滑运动生动、活跃的形式和铿锵、浩荡的声势，促使学生健身体、开睿智、扬浩气。

先锋轮滑课程以"足下有规矩，心中有方圆"为核心，把培养学生的综合素养作为课程核心建设目标（见图3-9）。具体目标包括：第一，提高学生体能，掌握和应用基本的轮滑技术与战术；第二，激发学生的运动兴趣，养成坚持体育锻炼的健身习惯；第三，指导学生学习和掌握轮滑技术、竞技方法，丰富体育锻炼内容；第四，培养个人健康和群体健康的责任感，养成健康的生活方式；第五，培养学生的团队合作意识，培养积极进取、团结协作的良好作风；第六，发扬体育拼搏精神，养成积极乐观、吃苦耐劳的生活态度；第七，培养具有轮滑特长的小选手，积极参加各项轮滑比赛，如广州市中小学生轮滑锦标赛、省级轮滑锦标赛、全国轮滑锦标赛等，为国家培养更多的轮滑优秀人才。

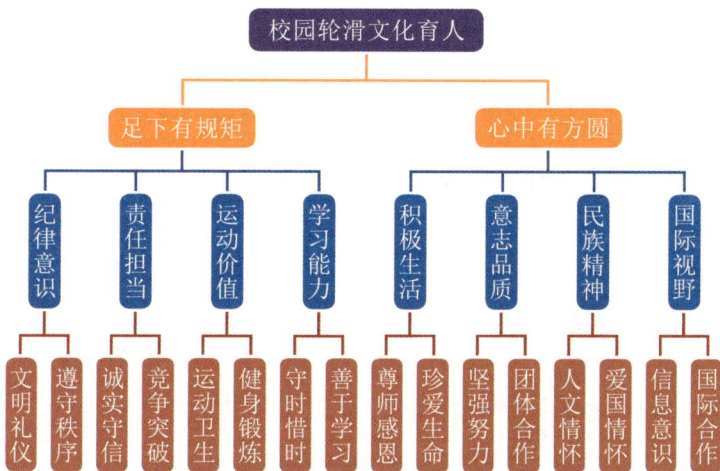

图 3-9　先锋轮滑课程文化育人目标及体系

（二）课程价值

1. 提高身体素质

参与体育运动的首要目的是塑造健康身体，促进身体发育，体验运动的乐趣，促进身心健康发展，这是学生形成正确人生观、价值观与社会责任意识的基础。

2. 激发运动兴趣

兴趣是最好的老师，学生的学习兴趣直接影响着学生的学习行为和效果。校本课程作为体育课程的延伸，本身就是发挥张扬学生的个性、满足学生的兴趣、培养和促进学生自主学习的作用，也是提高学生终身锻炼意识的有力手段。

3. 关注个体差异与不同需求

体育是一种以技能学习为主的课程，学生学习的结果主要体现在学生体能、技能和运动行为方面的改变。学生运动技能的掌握不仅是后天训练的结果，与其遗传基因也有极大的关系。从健康角度出发，每个学生的运动需求和运动表现不尽相同，因此校本课程需要根据学生身心发展的客观规律，充分挖掘学生的身体条件、兴趣爱好差异，有针对性确定教学目标及任务，使每个学生都能体验学生乐趣，以满足他们身心发展的需求。

4. 发掘学生特长

竞技化训练能为发掘学生的特长做准备，也是体育训练的重要内容。校本课程担负挖掘学生运动特长、发挥兴趣在学习中的重要作用，为有运动特长的学生打下竞技运动的基础，为他们以后的发展做铺垫。

（三）课程特色

1. 以先锋文化引领学校建设，彰显文化育人

深挖以范楚倩为代表的冠军文化，融合先锋教育文化内涵，提取校园轮滑的要素——轮滑校史、轮滑文化、轮滑环境、轮滑课程、轮滑活动等表象物质文化，以及在活动中产生的轮滑精神、轮滑意识、轮滑道德等精神文化，构建完善的轮滑文化课程，这与番禺区文化德育的优秀文化育人理念不谋而合，进而实现以文化人、以文育人的目标。

2. 凸显整体规划，形成系列化的课程实施策略

学校在价值定位上遵循人性化理念，依据学生的年龄特点，构建了不同学段依次递进、衔接有序的轮滑课程体系。对轮滑课程进行一体化设计，有针对性地规划各学段的课程目标、课程内容、教学方式和评价方法，使各学段教育教学有机衔接、有序递进，符合学生身心发展和认知规律。

3. 注重跨学科融合，发挥综合育人功能

先锋轮滑课程突出学科间的内在联系，以学生需求为原点，强调学科与不同关键要素的深度链接和融合。轮滑课程通过与基础性课程、拓展性课程的的融合，实现了一体化育人；通过改变教与学的内容和方式，实现了跨界学习，达到综合育人的效果。

（四）课程保障

1. 行政及经费保障

建立和完善以校长为领导，德育副校长、德育主任、大队辅导员、

体育老师、家委会代表共同参与的学校轮滑课程领导小组；用好市、区传统项目经费，投入轮滑课程建设专项经费并列入学校预算；对于校园文化布置、轮滑设施设备、校本教材开发、课题研究及教师素质提升工程给予优先充分的经费保障，并制定相关的激励机制。

2. 师资保障

为保证课堂教学质量，学校特聘专职轮滑教师 2 人（其中一名公办专任教师是全国轮滑冠军运动员，另一名是资深运动员），实现轮滑进课堂。并外聘了中国第一代轮滑运动员、中国第一个速度轮滑世界冠军范楚倩的启蒙老师、资深轮滑教练袁志强及国家花样轮滑教练邓锦康担任轮滑校队教练，确保师资队伍专业化。

3. 加强常规管理

学校把轮滑发展纳入学校中长期规划中，把轮滑课程管理纳入每学期的学校工作计划里，与学校办学特色、学校发展策略、日常工作研究相融合，达到日常工作即研究，确保研究与实施的落实与创新。

4. 家校协同

通过对学校办学理念及办学特色的宣传，加强家校沟通，形成教育合力，使家长认同并支持学校轮滑课程的开设，积极为学生准备轮滑用具，使轮滑课程能在学校全面普及。引导家长参与学生的培养过程，在参与中形成家校协同教育。

三、课程实施

课程实施是指把课程计划付诸实践的过程，它是达到预期课程目标的基本途径。学校通过多种途径深入实施先锋轮滑课程：一是进行跨学科整合，开发校本教材；二是分年级确定轮滑教学课程内容，由易到难开展轮滑教学；三是进行多元创新，如学科融合研究、地方民俗文化融合研究等；四是积极参与社会活动，打响先锋轮滑的品牌。经过这些有效的实施手段，先锋轮滑取得了喜人的成就。

（一）开发教材

以"健康第一"为导向，学校根据学生的身体发育特点，结合学校实际，深挖轮滑教育意义，进行学科整合——将轮滑体育与艺术舞蹈进行跨学科整合研究，开发了《先锋轮滑》校本教材，为课程提供保障。校本教材的编写注重思想性与趣味性、共性与针对性相结合，把适合学生的轮滑技术、轮滑游戏、轮滑知识落实到具体的教学活动和育人过程中。

（二）轮滑教学

先锋轮滑课程是学校争先课程框架下的体艺整合课程。学校在体育课的基础上，把其中一节特别开设为体育轮滑课，为保证课堂教学质量，特聘专职轮滑教师2人，实现轮滑进课堂，轮滑教学实现普及率100%，接受训练达99%以上（个别学生因身体原因不适合参加轮滑运动）。

学校创编了轮滑校本课程，实现了每周每班一节轮滑课，真正把轮滑运动教育普及到每一位学生，让每一位学生体验到轮滑运动的魅力。对于每一节课的教学和训练活动，设置了具体的活动目标，把轮滑的基本技法和轮滑相关游戏贯穿教学活动之中，循序渐进，由易到难开展轮滑教学。课程分为低年级、中年级、高年级三个层次，表3-15为不同年级的课程内容。

表3-15　先锋轮滑课程内容

年段	内容	形式	目标	评价措施
低年级（起步层）	知道什么是轮滑，认识了解轮滑的历史和相关知识，知道轮滑的有趣故事，了解简单的轮滑技能	以形象直观的游戏教学为主，进行实物演示、动手操作等	激发学生学习轮滑的兴趣	以个人技能考试为主，通过考试了解个人技术水平
中年级（发展层）	学习轮滑的基本原理、基本技法	以分层小组教学为主，通过小组教学，培	渗透轮滑与为人处事的简单道理，培养学生的良好品质	以小组团体考试为主，通过考试，检验学生小组合作能

（续上表）

年段	内容	形式	目标	评价措施
		养学生团体协作能力，进一步提高技能		力及团体技术水平
高年级（提高层）	学习战术的综合运用	以比赛内容、动作为主，培养学生专业学习能力，把教学与竞赛合二为一，让每一位学生都具有参加竞赛的能力	培养学生的争先意识	以竞赛方式为主，通过竞赛培养学生的冠军精神

先锋小链接

轮滑课程教学①

【教学内容】

一、第一阶段

（一）轮滑理论介绍

1. 轮滑运动的起源

轮滑运动是从滑冰运动过渡而来的。据说，轮滑在 18 世纪由一个荷兰人发明。最初，这位荷兰的滑冰运动员为了在不结冰的季节继续进行训练，把木线轴安在皮鞋下，试图在平坦的地面上滑行。他的试验在不断失败和改进后终于取得了成功，创造了用轮子鞋滑冰的历史，从此轮滑运动在欧洲诞生。

1860 年，比利时有一位技工和一位乐器制造工人，他们用手工制作

———————

① 此部分内容由先锋小学范俊斌老师提供。

了一双轮滑鞋，但是当他们把自己的杰作带到英国伦敦的世界博览会上展示时，却出现了意外——他们由于无法刹车而打破了一面大镜子，也因此受了伤，这件事被媒体广泛报道之后，引起了人们的巨大震动。所以，轮滑运动被视为一项"危险的运动"而遭到冷落。

真正的轮滑鞋是由美国的詹姆斯·普利姆普顿于1863年发明的，他创造性地用金属轮子代替木质轮子，滑行起来具有更多的优越性，深受大家的欢迎。

1866年，詹姆斯·普利姆普顿在纽约投资开办了第一座室内轮滑场，并组织纽约轮滑运动协会，首次将轮滑运动正式列入体育运动的正式比赛项目，同时轮滑运动迅速传到欧洲各国。

1875—1937年，滑冰运动对轮滑影响很大，轮滑运动在发展的过程中，逐渐演化为花样轮滑、速度轮滑和轮滑球三种不同形式的运动项目。

2. 花样轮滑的分类

花样轮滑竞赛项目分为单人滑、双人滑、轮滑舞蹈及队列滑四项。

单人滑：运动员在自选音乐的伴奏下，在规定的时间内完成一套优美、均衡的自选动作（包括跳跃、旋转、步法、联合动作及舞蹈动作），其中跳跃、旋转和步法是构成单人滑内容的三种主要动作。

双人滑：与单人滑的内容构成相同，比较特别的是，双人滑必须由一男一女组成，比赛分双人滑短节目和双人滑长节目进行。双人滑除了要有单人滑的技术外，还要做出一些双人滑规定动作，如单臂或双臂托举、双人旋转、螺旋线、抛跳等。此外，可以两人完成单人滑的全部自由滑动作及自选动作。

轮滑舞蹈：由一男一女组成一对，比赛项目由规定舞、风格舞和自由舞三部分组成。轮滑舞蹈不同于一般双人滑，其主要区别是舞蹈不允许有单人滑的跳跃、旋转动作和双人滑的托举、抛跳、双人旋转和螺旋线等动作。滑行时，要用优美、复杂的舞步和姿态来表现选手的风格特点。因此两人的身材、滑行技术和对音乐的艺术感受、理解的一致性都是轮滑舞蹈表演是否成功的重要条件。

队列滑：这是花样轮滑运动的新兴比赛项目，队列滑通常由10～20人的团队参赛，以整齐划一的步伐、手部动作及多变的队形为主要特点，通过队员们的密切配合完成不同难度的动作，如图 3-10 所示。

图 3-10 队列滑

3. 花样轮滑的艺术编排

花样轮滑的艺术编排是将技术中的跳跃、旋转、步法、自由滑动作与各种舞蹈滑行动作等，根据音乐的韵律、节奏、风格和特点进行创造性地艺术构思和设计，最后由运动员展现给观众一套完整、精美的艺术作品。一套花样轮滑动作的编排绝不是简单的单个动作的罗列，而是动作之间有机联系，技术与艺术和谐统一，具有时间和空间要素的立体性艺术，是一项创造性的工作。

（二）轮滑基本技术训练

轮滑基本技术训练包括：预备练习、站立、非滑行技术、被动滑行、基础滑行、转弯、制动。

二、第二阶段

（1）轮滑基本技术训练：向前滑行姿态，直道滑行，弯道滑行，花样技术动作练习。

（2）体能训练。

（3）辅助性技术力量训练。

三、第三阶段

（1）身体素质训练。

（2）轮滑技术中的艺术表现训练。

（3）轮滑舞蹈基本功训练。

（4）表演艺术训练。

【训练原则】

一、个性化教学原则

在轮滑训练过程中，应根据训练对象的个人特点（年龄、性别、身体条件、训练水平和心理品质等方面），有针对性地科学确定训练任务、内容、方法、手段和运动负荷量。学生训练水平越高，个人的特点就越突出，因此更要贯彻个性化教学原则。青少年正处于身体发育关键时期，各方面差别很大，因此从选才、育才开始就必须对他们的个人差异进行细致的研究和分析，提出不同的训练要求。

二、合理安排运动量原则

指在轮滑训练过程中，根据学生的水平，逐渐加大负荷量，直至最大限度。合理安排运动量必须考虑到数量、强度、时间和密度之间的关系。一般来说，运动量的增加都是从增加数量开始，在适应这种数量之后，再逐渐提高训练的强度，缩短训练的间隔时间（增大密度），以及增加训练的难度和提高训练的质量。

三、不间断与周期性原则

良好的运动成绩是学生在多年不间断的系统训练过程中，随着身体素质的提高和运动技术的改进而获得的。没有多次重复的训练，就不可能发展和提高身体素质、掌握完美运动技术。因此，轮滑运动必须坚持多年和全年的不间断训练。轮滑训练应当由易到难，由简到繁，由浅到深，由未知到已知，循序渐进，逐步提高。在多年系统的训练过程中，要有周期性的和不断重复的阶段，逐步完成各阶段的训练任务，并且随着学生训练水平的提高，又要不断地调整训练内容和比重，不断地提高训练要求。

【训练方法】

轮滑运动是一项极易掌握的体育运动，任何人都能很快地学会。但很多人初次接触轮滑时，心理会产生一种畏惧感，担心摔跤。其实，只要简单地掌握一些轮滑方法和技巧就能把这项运动变成乐趣。平衡是掌握轮滑的基础，轮滑鞋与地面接触面积小，加之轮子与地面摩擦后的滚动，所以不容易掌握平衡，因此平衡练习是非常重要的。具体的训练方法如下：

第一，原地踏步，练习静止站立，熟悉轮滑鞋的性能。

第二，用互助法和辅助法进行练习。两个学生互相扶助或双手扶在身边的横杆或其他固定的物体，做前后左右移动，练习平衡技术。

第三，牵引法，借助外力练习。比如，可以通过对静止物体的反作用力使自己滑动，也可以让别人轻轻用力将自己推动，还可以抓住正在移动的人或其他物体，训练自己前进或后退的技巧。

轮滑虽然是一种容易掌握的休闲运动，但也存在一定的危险，它容易导致外伤，因此必须要有安全意识，在轮滑时必须佩带好护具。一般需要配置的护具有头盔、护手、护肘和护膝等。

（三）多元创新

1. "X+1"的课程渗透与融合

学校探索"X+1"文化课程渗透，"X"是学科，"1"是某个轮滑文化元素。将轮滑元素融入各个学科教学和活动中，按照基础性、趣味性、育人性的原则，在课程和活动中渗透轮滑文化，建构"全科育人、全员育人、全程育人、全方位育人"的轮滑育人体系。

基础性课程融入：一方面，在体艺学科进行有效整合，创新轮滑内涵，积极开展校本教科研。比如，提出轮滑体育学科与音乐舞蹈学科进行学科融合研究，在音乐舞蹈里汲取轮滑舞的创编思路，形成先锋轮滑舞的风格。另一方面，在课堂中有选择地加入校园轮滑文化元素，进行教学环节设计，达到育人效果。比如，语文课上，组织学生就"轮滑运动于学习是否有益？""轮滑比赛输赢重要吗？"等议题展开辩论，促学生深度思考；班会课上，把轮滑比赛、轮滑游戏中的特殊事件编排成一个个小品。如在团队比赛的过程中会产生碰撞和摩擦，教师编成小剧本进行展示，通过情境化、形象化的表演感染和教育学生；综合实践活动课上，开展"走近轮滑运动"主题活动，激发学生探究的兴趣。

拓展性课程整合：比如，在学校的"三礼"课程及大课间展示轮滑操。轮滑教练将摆臂、蹬腿、滑行等基本动作变成简单、有节奏的轮滑操，寓教于乐，学生在表演中展示自己的风采。

2．地方民俗文化的融合

学校融合地方民俗文化，创编了具有先锋特色的"三堂凤舞"民俗文化轮滑舞蹈，组建了社团"三堂凤队"，复活了失传百年的市桥民俗文化"三堂凤舞"。2009年在区、镇一众相关文化部门领导的大力支持下，学校创编了第一代"三堂凤舞"。第一代"三堂凤舞"以原民俗为原型，以巡游为主要表演形式。

随着大家对"三堂凤舞"的热衷，2016年，为了增加表演性，在第一代"三堂凤舞"基础上加入了民族舞蹈和轮滑舞蹈的动作，如托举、穿梭、跳跃等高难度动作，并对服饰进行了优化，大大减轻了头饰重量，变化了"凤"的尾羽设计，从而深化为第二代的"三堂凤舞"。第二代的"三堂凤舞"既传承了传统的民俗文化特征，又增加了可观赏性，一经演出，大受民众的喜爱。2017年，第二代"三堂凤舞"登上番禺区民俗文化节的舞台（见图3-11），成为当天台上台下的焦点并广为传颂。学生在实践中发现了自己的潜能，增强了文化自信和民族自豪感，"三堂凤舞"成为先锋小学靓丽的名片。

图3-11　先锋学子在第四届番禺区民俗文化节上表演

目前，先锋轮滑课程已开设速滑项目、自由式项目、轮滑球类项目，实现了轮滑运动三大项全覆盖。先锋轮滑从不止步，以传承为己任，以创新为动力，为传统民俗文化的发展、为培养更多的优秀轮滑人才贡献力量。

（四）社会参与

一方面，先锋轮滑在番禺具有鲜明的引领作用，一直以来，学校把推广轮滑运动教育视为己任。在广州亚运会闭幕式中，先锋小学轮滑队应大会邀请参加专项演出；在历届番禺区恳亲大会上，先锋小学都应邀参加文化巡游；此外，还多次应邀参加番禺区春节文艺晚会演出、番禺区民俗文化节演出等。先锋轮滑深入民心，具有深厚的群众基础。

另一方面，为推动轮滑运动的普及，每年一届的轮滑比赛成为学校保留的传统项目。学校还组建了轮滑专业队，把选拔、培养轮滑运动员作为发展目标，对有天赋的学生通过更多的途径进行梯队培养和有计划的系统训练：安排轮滑队员参加军训，到全国各地集训、与兄弟学校交流，参加夏令营等，因此，队员轮滑技术得到大幅提高，学生的意志品质得到很好锻炼。近年来，先锋轮滑队积极参加社会各级各类轮滑赛事，并获得多项优异成绩。

四、课程评价

课程评价是指根据一定的标准和课程系统信息，以科学的方法检查课程的目标、编订和实施是否实现了教育目的，实现的程度如何，以判定课程设计的效果，并据此做出改进课程的决策。小学课程评价可以给课程工作提供比较丰富和准确的反馈信息，使课程实践实现自我调节和良性循环，从而不断提高课程质量。因此，学校注重轮滑课程的创新开发，同时也注重课程评价，包括学生评价和教学评价等。

（一）学生评价

学生评价主要包括六个方面：第一，根据学生体能提高情况随堂评价；第二，根据课堂任务完成情况总结性评价；第三，分层次阶段性测试评价；第四，学习态度评定；第五，综合活动表现评价；第六，学年技能评价，全年知识、技能、心理素质、思想品德的综合评价。

（二）教学评价

教学评价主要包括五个方面：第一，综合评价，主要依据学生的学习目标达成度、行为表现、进步的幅度来进行考核；第二，参照学生的自我评价与组内评定进行综合评定；第三，跟进学生参与练习的时间记录，保证课程的练习时限；第四，积极探索学生互评、自评的功能与策略，实现评价科学化、民主化；第五，教学评价占60%，学生自我评价占20%，组内相互评价占20%。

五、课程成效

先锋轮滑在探索、实践的过程中，实施校内外融合，创新性地提出"教会—多练—常赛"的教学模式，让学生在合适的教学方法中扎实提升。"不积跬步，无以至千里"，在多年的坚持和积累下，学校培养的一批批优秀轮滑人才在各级轮滑比赛中取得累累硕果，先锋轮滑成为学校一张闪亮的名片，在区域内乃至全国发挥着辐射引领的作用。

（一）创新："教会—多练—常赛"教学模式

学校所在的番禺市桥在2010年被评为全国轮滑之乡，有着深厚的轮滑文化氛围。学校充分利用这一有利条件，充分实施轮滑教育校内外融合，形成了"教会—多练—常赛"的教学模式，提出"以冠军培育冠军、以冠军传承冠军、以冠军阐释冠军"的口号，实施"准专业"培养，为国家培养冰雪运动后备人才，推动全民休闲运动发展，为强民强国做贡献。

1. 教会——准专业培养

先锋轮滑的教学目标：让每一位先锋毕业生都能穿上轮滑鞋"滑"出先锋小学。教会先锋学子轮滑运动的知识与技能，培养良好运动习惯，树立运动安全意识，形成健康第一理念。为了提高轮滑课堂教学质量，学校以"四化"为抓手。

一是师资专业化。先锋轮滑教育提出"以冠军培育冠军"，实施"准专业培养"，由专业的师资任课，为国家培育轮滑运动后备人才。学校聘任专业运动员为专任教师，配足、配齐、配全轮滑教师。其中，范俊斌老师多次参加全国轮滑锦标赛屡获冠军，是名副其实的全国轮滑冠军。此外，学校充分利用校外教育资源，与多个实力强劲的俱乐部合作。同时，加强师资培训，校内轮滑教师与校外专家结成师徒，以提升先锋轮滑课程的教学质量。每学期举办轮滑公开课和研讨课，不断提高教研水平。

二是项目多样化。学校设立了速滑、自由式滑等项目，满足学生不同的个性需求，更有利于运动项目的普及。

三是普及全员化。学校实现了每周每班一节轮滑课，轮滑教育普及率达 100%，接受训练率达 99% 以上，真正让每一位学生体验到轮滑运动的魅力。

四是课堂教研常态化。学校创编了轮滑校本课程，实现轮滑教育规范化、专业化。每学期开展轮滑公开课和研讨课，夯实轮滑校本教研常规，不断提高教学质量和教研水平。

2. 多练——磨砺提升

在校内，学校通过每周一节轮滑教学课，强化每一位学生的轮滑技能训练，帮助学生实现提高轮滑技能、增强体质、培育运动素养的目的。建立常态的覆盖全学段的校队训练，现在有专项校队四个，分为一队（准专业队）与二队（普通校队），进行不同强度的集训与每天课后训练，打造最强先锋轮滑队。

在校外，学校实施全员课外拓展，让学生把轮滑练习延伸到社区里，充分享受轮滑运动的乐趣。加强课余练习，不仅让学生形成了良好的锻炼习惯，有效地提升体质体能，还是一种最好的推广宣传，发动身边更多的人参与此项运动，对区域发展起到了积极的作用。

3. 常赛——争当冠军

以学校名义组队参加各级轮滑竞赛，确立以竞赛促教育质量的发展方向，全力提升师生的竞技水平和体质体能水平，传承冠军精神，走先锋轮滑教育高质量发展之路，从而进一步强化先锋轮滑品牌力。先锋学子在各个竞技平台上，充分表现出"勇当先，敢当先。锋从砺出，追求卓越。今天做最好的自己，明天当各界的先锋"的先锋冠军精神。这种精神伴随着先锋学子的成长，逐渐泛化为做人、做事的精神追求，推动学生成为"最好的自己"，成为各界的先锋人才。

在轮滑教育融合创新的策略下，先锋轮滑快速发展，教育品牌力得到有效提升。据不完全统计，2018—2020年，学校轮滑项目获省级以上奖项共140项，其中国家级40项、广东省级100项。主要奖项有：2018年10月，以先锋小学独立名义参加广东省自由式轮滑锦标赛获少年B组拉龙项目冠军、季军；2019年8月，参加全国少年轮滑锦标赛速度轮滑，叶××同学连获三个项目的季军，团体参加全国少年轮滑锦标赛花样轮滑队列滑获亚军；2019年9月，参加中国中学生轮滑锦标赛暨全国小学生轮滑训练营（丽水站）速度轮滑比赛，罗××等同学分别获个人项目六项冠军、六项亚军，学校也获得全国小学组团体总分第一名；2019年8月，参加广东省自由式轮滑锦标赛少年组获轮舞B组亚军、少年组拉龙季军；2020年12月，参加2020全国轮滑大联动暨"招商银行杯""轮动·冰感"中国轮滑巡回赛（总决赛）暨"动感杯"中国轮滑球联赛（广东站），获优秀组织奖。

图3-12　先锋学子获奖合影

（二）综合：春雨润物细无声

1. 提高了学生的综合素养

先锋轮滑课程让学生在轮滑运动中领悟到规则的重要性，懂得自觉遵守学校的规章制度，学会珍惜时间、合理利用时间。在训练中，学生感悟到参与集体项目需要合作意识和团队精神，从而学会尊重他人，培养了学生的交往能力、集体荣誉感和责任担当意识。同时，在运动中培养学生积极向上的精神，从纪律规则到责任担当，从健康生活到竞争拼搏，将育人目标内化为学生的行为标准，使其身心和谐健康发展。

2. 丰富了先锋教育文化

在健康第一的基础上，学校坚持以学生为主体，以轮滑为基础的原则。学校将办学理念、办学特色、培养目标、教育内容等融入其中，依据学生发展的状况、学校特色和周边资源对学校德育工作进行统筹考虑，形成了轮滑课程的总体框架；并基于学生的年龄特征、阶段性发展的要求，制定相应的学段活动安排，使先锋轮滑课程有计划、有序列、有特色，促进学生持续发展。

3. 发挥了辐射引领作用

近年来，学校轮滑队参加国家级比赛成绩骄人，番禺区电视台连续两年专门拍摄报道；学校的"三堂凤队"社团每年都会受邀参加番禺区组织的春晚、文化大巡游、大型文化展演等活动。学校每年的轮滑活动都在《番禺日报》上做专题报道；学校还在番禺区专项工作会议上做汇报，对本区域起到了引领作用。作为全国轮滑之乡、番禺唯一的广州市轮滑传统学校，在推动区区域轮滑运动中，先锋小学不遗余力，主动作为，引领番禺乃至广东省的轮滑运动发展，学校的影响力、美誉度与日俱增。

（三）展望：不待扬鞭自奋蹄

在实践的过程中，我们总结出一些有待完善的地方：第一，虽然注重课程的渗透和融合，但不同课程之间的整合度、系统性不够；第二，需要进一步开发社区资源，沟通学校附近的教育资源场馆为学生提供学习服务，形成协同育人平台。这些问题的破解也将成为下一步教育教学研究和探索的着力点，以不断推动学校教育教学迈向更高水平。

六、课程案例

为检验轮滑课程的学习成果，促进学生之间的学习交流，学校每年都会在校园内举办轮滑比赛，以赛促学，让学生在比赛中成长。此外，学校还坚持做好赛后整理、总结的工作，收集学生的典型案例，以更好地优化课程，发挥榜样的力量，激发学生的内在动力。

（一）活动案例

先锋小学第三届轮滑运动会方案[①]

为了切实提高学生身体素质，促进学生的全面发展和健康成长，增进师生之间的友谊，学校决定在全校范围里开展第三届校园轮滑运动会。

【比赛时间】

2019 年 3 月 29 日上午 9：00—下午 4：30。

【比赛主题】

传承与发展——第三届校园轮滑运动会。

【比赛地点】

先锋小学操场。

【比赛目的】

第一，为学生提供竞技舞台，展示队员技术风采。

第二，推动轮滑项目发展，树立榜样，提升品牌地位，推广轮滑运动。

【活动要求】

第一，认识本次活动的意义，坚持人人参与，普及与提高相结合，体育竞技与体育游戏相结合。在全面提高学生体育素质的基础上，促进学生个性发展。

---

① 此方案由先锋小学范俊斌老师提供。

第二，切实加强安全教育，明确责任，采取各种防范措施，确保本次活动安全有序地进行。参赛运动员必须佩戴安全头盔、轮滑鞋、护具等器材。

第三，各班做好运动会报名、训练、比赛、啦啦队等工作，努力夺取精神文明和体育比赛奖项双丰收。

第四，裁判员准时到岗到位，严肃认真，确保活动顺利进行。参赛队员文明比赛，遵守规则，尊重对手，服从裁判。

【参加单位】

以班为单位。

【比赛项目】

速度轮滑：一至六年级。

自由式轮滑：一年级：前葫芦速度过桩；二至六年级：双鱼速度过桩。

【参加办法】

第一，每队可报领队 1 人、教练 1 人，参赛人数及项目不限。

第二，先按年级分组，各年级为一组。各年级又按性别分为男、女组。

第三，参赛运动员必须佩戴安全头盔，轮滑鞋、护具等器材须适合竞赛特点和保证安全。

【比赛办法】

执行 2013 年版《速度轮滑竞赛规则和裁判通则》。

【录取名次及奖励办法】

各单项组别分别录取前 6 名并给予奖励。

【比赛报道】

传承冠军精神　发扬先锋特色

2019 年 3 月 29 日，先锋小学第三届校园轮滑运动会在师生的期待中顺利开幕。本次比赛设速度轮滑和自由式轮滑两个项目，学生参赛人数达 300 人，可见同学们对学校的传统特色运动热情高涨。

在本次轮滑运动会中，选手们充分发扬了冠军精神——能赢不怕输，跌倒重新站起来出发！他们努力拼搏的姿态闪耀先锋，期待选手们能传承冠军精神，继续发扬先锋特色，在未来的成长之路中披荆斩棘。

本次轮滑运动会的顺利进行，离不开家长们的全力支持！在赛场的每一处，都能看到家委义工们忙碌的身影。他们尽职尽责地做好评委工作，尽心尽力地照顾好每一位学生，积极热情地为选手们加油打气。有了家长的支持和参与，学生们更开心，教师们更放心。

选手们在赛场上努力拼搏，争取最佳成绩。获得年级第一名的班级分别是：一年级（4）班、二年级（3）班、三年级（2）班、四年级（1）班、五年级（3）班、六年级（3）班。在颁奖典礼上，我们还邀请了广州市轮滑运动协会副秘书长、广州市速度轮滑队总教练袁志强和前国家花样轮滑队队员、国际健将级运动员邓锦康作为嘉宾给小运动员们颁奖。

汗水洒在赛场，浇灌成功的花朵。通过本次轮滑运动会，切实增强学生体质，让学生切身体会到坚持忍耐的体育精神，领悟到不怕苦、不怕输的冠军精神，使先锋轮滑特色运动得以传承，使素质教育得到有效的落实和提升。

（二）学生案例

砥砺前行，追梦先锋①

2006 年春，某天早晨 5 点 30 分。

"宝贝，起床了！"妈妈打开房灯，叫醒正在床上熟睡的小女孩。"让我再睡一会儿……"小女孩像在说梦话似的回应着。"不行了，袁教练来接你了！"

早上 5 点 50 分。

在宁静的市桥光明南路上，驶来一辆两轮摩托车，袁教练搭载着两个八九岁的孩子（一个女孩、一个男孩），在橘黄色的路灯光下稳当当地驶向英东体育场。

---

① 由笔者 2016 年对世界冠军范楚倩的采访整理成文。

早上 6 点。

在英东体育场上，袁教练准点带着两个小孩进行体能训练。天慢慢地露出"鱼肚白"，晨练的人渐渐多了起来。晨练的爷爷奶奶们纷纷向这三位风雨不阻的大小健儿打招呼。第一缕晨光穿过云层照在孩子们泌着汗珠的小脸庞上，特别漂亮！

上午 8 点 15 分。

小女孩背着书包，匆匆走进了广州市番禺区市桥先锋小学。小女孩就是先锋小学三年级学生范楚倩，帅哥教练就是国家级轮滑教练、范楚倩的轮滑老师袁志强，另一名小男孩是袁教练的儿子。

下午 4 点 10 分。

范楚倩匆匆放下书本，带上轮滑鞋来到运动场，袁教练已经在运动场上等着她了。袁教练带着爱徒，风一样地，一圈一圈地飞驶。摔倒了，爬起来，继续训练。往往，一个小动作要重复上千次。小女孩也不知摔了多少次，咬咬牙爬起来，再摔，再爬。眼泪不争气地滑落，小女孩一擦眼泪，一咬牙，再爬起来。夜，悄悄地降临了，灯光下，两师徒还在飞驶！

晚上 7 点 30 分。

范楚倩拖着疲惫的身体回到了家。

晚上 8 点 30 分。

房间的窗前映出了范楚倩认真做作业的身影。

晚上 10 点。

"楚倩，该睡了！"

"楚倩，冬天的早上起床时，有想过放弃吗？"

"有，但想到袁教练正在等着我，我就立刻爬起来了！"

"摔倒过多少次，有想过放弃吗？"

"有，但意志让我再爬起来。"

2009 年 9 月 26 日的下午，注定是中国轮滑史上不平凡的日子。浙江海宁正在举行世界轮滑锦标赛，比赛已接近尾声了。中国代表团的教练团里，教练们眉毛紧锁。作为主办国，几天比赛里，中国代表团成绩欠佳，无一奖牌收获。多少代的中国轮滑教练的努力、多少代中国轮滑教练的期待，渴望获得一枚金牌来证明！比赛的最后一个项目是速滑马拉松赛，这个项目一直都不是中国队的强项，因为这一项目太考验队员的耐力与意志了。"呼！"枪声响起，一条"飞龙"鱼贯而出，范楚倩夹在"飞龙"之中。5 000 米、3 000 米、1 000 米……范楚倩一点一点地往前挪。原本不抱什么希望的中国教练团们惊讶地发现，在冲刺的一梯队中，有一位中国队员！是范楚倩！"加油！加油！"全场的中国观众都在拼命地高喊，把这么多年的希望与压抑都化成了一声声"加油"。100 米、50 米、10 米、2 米，范楚倩与另一选手并肩飞来！1 米……千钧一发，范楚倩做出了一个高难度的冲刺动作，全力猛伸右脚……赢了，赢了！范楚倩以微弱的优势，赢了！人们都像发了疯似的在欢呼！掌声与欢呼声、汗水与泪水齐飞！多少代中国轮滑人的期待、多少代中国轮滑人的梦想，在此刻终于实现了！第一个中国轮滑世界冠军诞生了！这个日子——2009 年 9 月 26 日，这个名字——范楚倩，掀开了中国轮滑的新纪元！

"楚倩，当时你有什么感觉？"

"我当时完全蒙了，不知道发生了什么事。后来我知道我赢了！当然高兴，高兴了几天呢！我第一次认识到，原来我是很强的，原来我可以更强！"

"你为什么选择轮滑？"

"我喜欢飞一样的自由感觉。"

"你觉得你凭什么获得世界冠军？"

"我想，是意志，坚忍的意志，追求极致的意志。"

"你当了世界冠军后，是什么让你继续在轮滑的道路上走下去？"

"不忘初心，方得始终。"

2016 年 5 月，在"世界冠军回母校"的活动中，中国第一个轮滑世界冠军登上"先锋大讲堂"，和学弟学妹们进行现场互动。

学校结合先锋百年办学文化，提炼出先锋小学的冠军精神。冠军精神诞生于先锋人意志刚强、不甘人后、红心报国的优秀传统，是先锋精神的集中体现。冠军精神引领先锋学子领潮争先、锋从砺出、卓尔不凡、争当第一。范楚倩，只是千千万万先锋人的一员，但又是先锋精神的代表人之一，在她身上，承载着先锋人百年的教育精神。

　　近三十载的桑田岁月，不变的是，朝阳下的英东体育场，每天仍旧看到袁教练带着一队孩子在默默地进行体能训练；看到先锋学子在轮滑体育课里，认真地学习轮滑运动的一个又一个要领；看到先锋小学的运动场上，"轮星"在挥汗如雨，步步争先。

第三节　财商素养，立品当先

导言

　　先锋教育主张"学先、争先、当先"，其中"当先"包括能当、敢当，旨在培育先锋教育文化的"魂"，立品高远。学校配合国家建设"珠三角金融大湾区"的战略目标，响应国家号召，从小培育学生的财经素养，奠基学生未来发展。

　　2016 年，先锋小学申报"广州市第二批金融理财知识教学试点学校"并获得通过，学校开始把金融理财教育纳入先锋教育品牌课程之内，开设财商课程。金融理财教育符合先锋教育的理念——学先进知识，步步当先，能够为先锋学子启蒙金融理财基础知识，培育先锋学子富有先锋教育特色的财经素养。

一、课程背景

　　随着经济全球化时代的到来，世界各国开始关注学生核心素养的养成，注重青少年对未来生活的准备程度。而金融理财教育是适应时代、接轨国际的需要，是学校素质教育的重要内容之一。尤其是 2008 年金融危机发生后，金融理财问题在人们生活中显得愈加重要，财经素养也就成为当前教育领域关注的热点。生活在现代文明社会里的现代人，必须掌握经济知识，才能适应经济环境。21 世纪的学生，更加不可忽视生存的必备基本素质——正确的金钱观念和精湛的理财能力。然而，在学校教育中具有时代特征的金融理财教育实在少之又少，一般情况下，学校对学生中存在的花钱不合理等不正常消费现象，仅仅是口头教育一下而已，存在不应有的教育空白。

　　先锋小学作为"广州市第二批金融理财知识教学试点学校"，积极开展小学生理财体验式教育教学的实践和探索。同时，学校在番禺区文化德育理念的引领下，积极打造以培养学生核心素养为目标的先锋教育特色品牌。通过近年来的实践，财商课程成为学校德育工作中落实"学先锋，当先锋，为培养具有国际视野的新一代打下扎实基础"思想的重要举措，也成为学校探索先锋教育特色下的德育课程体系的重要途径。金融理财教育培养了学生的金钱观、消费观和财富观，使先锋德育工作绽放出新光彩。

二、课程概况

素质教育着眼于人一生的发展，它培养的是人一生中所需的品质。金融理财教育最核心之处在于，使受教育者在教育者指导下形成正确的理财观念和行为，培养受教育者的综合素质。让学生认识到"金钱""财富"不仅是单纯的数字，而是内含智慧、力量、道德；而增值个人和社会财富，也需要创新变革的意识。

（一）课程目标

财商课程以"先学先行"为理念，围绕先锋核心素养体系，构建先锋小学金融理财教育的课程目标：第一，学习金融理财基本常识，了解市场经济的基本规律，掌握生活中基本的理财技能；第二，知行合一，通过体验式教育与社区拓展探究性学习，培养独立自主的研究习惯与理财习惯；第三，培养学生市场经济意识、金融理财意识，树立金融理财观念。

（二）课程意义

1. 时代发展的需要

我国的教育教学改革正朝着实施素质教育的方向努力，培养具有人文情怀、责任担当、优雅气质、乐观豁达的现代公民成为时代的呼声。这就要求教育必须以人为本，以德为先，注重从学生的生活和实际需要出发，思考、发现、探索和领悟生活伦理要求和幸福真谛，而金融理财教育无疑是学生掌握生存技能、学会生活、奠基未来的重要内容之一。

2. 打造先锋教育特色品牌的需要

先锋教育以生活教育为理论支撑，始终秉承以优秀文化育人的理念，注重知行合一，培养"卓尔不群、步步争先，具有国际视野"的时代先锋学子。金融理财教育成为践行学校办学思想、培养先锋核心素养、构建校本德育课程体系、深化学校品牌建设的抓手。

3. 学生自我发展的需要

我国作为世界贸易组织成员方，每个公民都面临着如何尽快成为具有国际化素养的现代人的课题。教育学生在市场经济中树立理财意识，有利于他们在实践中确立与社会主义市场经济相适应的思想道德观念，为科学的人生观奠定基础。

（三）课程特色

1. 紧密联系生活

著名教育家陶行知的生活教育理论认为"生活即教育"。学校秉承这一教育理念，融合社区教育资源，充分联系学生的生活经验与学科知识，展开探究性学习活动，创新金融理财教育模式。活动紧贴儿童天性，体现教育规律，融知识性、趣味性、德育性为一体，是充满创意的金融理财教育。学生们在实践中学习，在学习中实践，将生活经验融入学科知识学习中，在接近生活真实情境中学习，实现真讲、真想、真做、真悟、真成长。

2. 重视资源开发

学校充分发挥"家庭—学校—社区"三位一体的教育作用，充分发挥家长群体的职业多样性优势，挖掘家长资源，让真正在现实中从事财经工作的家长当实践课堂的"辅导员"，让学生到真实的世界里去学习，使学生的直接经验与间接经验进行有效对接。

3. 体现学科融合

陶行知提倡全面教育，即全面发展的教育。通过心、脑、手并用，实现智力和体力的全面发展；通过学政治、学经济、学文化相结合，实现教育内容的全面展开；通过健康、科学、劳动、艺术及民主构成的和谐的生活，实现人的全面和谐发展。培养德智体全面发展的学生，体现了"生活即教育"的出发点和根本目标。在财商课程研发中，学校将财经素养启蒙教育与综合实践、品德、数学等课程进行整合，促使学生在智慧、道德和身体方面和谐发展。

三、课程实施

"生活即教育"，生动有效的教育，往往是在真实的生活情境下通过体验、探究、感悟而实现的。学校在实施金融理财教育上，采用理论知识与实践活动相结合的方式，走"课题研究＋课程实践"的路线，做好研究保障，更好地培养学生的财经素养。

（一）以课题为引领，搭建金融理财教育架构体系

首先，学校成功申报的番禺区"十三五"课题"生活教育理念校本化行动研究"，以活学致用为生活教育理念的校本实施路径，构建以儿童为中心的生活核心素养体系，确立金融理财教育的主要教育理念背景。继续推进"广州市金融理财知识教学试点学校"项目研究，立足项目研究资源，开展金融理财校本化研究，以培养具有金融素养基础的时代新人为目标，搭建金融理财教育架构体系。

其次，研制课程方案。学校成立了专项教育领导小组，对金融理财教育进行科学规划，统筹安排。制订了"先锋小学金融理财知识教育的课程方案"，方案内容包括课程目标、课程内容、课程实施、课程评价、课程管理与保障等内容。

最后，根据学生的年龄和心理实际情况，从学生身边的问题出发，尝试开展跨学科领域的教学与实践活动。整合各类课程资源，通过角色扮演、参与体验的方式，形成"体验—探究—拓展""学先、争先、当先"的课程家庭策略，促进学生金融与理财知识的融会贯通和多角度、多层面思考问题能力的形成。

（二）以课程为依托，全面推动金融理财教育进课堂

1. 开展金融知识课堂教学研究

一是在五、六年级安排专门课时学习《金融理财知识教育读本》。二是组建专项课程教师队伍，每学期开展校内、校外教研活动，做到"五有"：有教材、有课时、有师资、有教学设计、有评价反馈。例如，学校张洪老师上了一节金融理财研讨课"我们的跳蚤市场"，通过课堂实践探索有效实施金融理财教育的内容与方法，包括理财的基本知识、方法、技能，以培养学生应具备的理财品质。三是进一步开发利用广州市金融理财知识教学课程资源，开展全校教研课，提高教学质量，提升学生金融素养水平。

2. 开展主题班会认知活动

班级是学生接触最多、最久的学习环境，而主题班会是运用班集体对学生进行教育和开展工作的有效形式。因此，推动金融理财教育，可以通过开展相关的主题班会课，给学生更多接触和认识金融理财的机会。例如，开展"合理使用零花钱"的主题班会课，对学生进行勤俭节约、不攀比、不浪费等理财意识的培养，以及学会正确花钱、学会合理消费等理财教育。又如，每年的春节利用班会课学习到的知识，开展"理财金点子"创意活动，引导学生学会管理自己的压岁钱，增强学生的理财观念。此外，还可以在少先队中成立"先锋小银行"，引导学生如何管财、用财，培养学生的社会责任感。

3. 利用学科渗透理财知识

每个学科既是独立的，也是互相影响的。学科融合既是学科发展的趋势，也是产生创新性成果的重要途径。将金融理财知识渗透到不同学科中，能够借助各学科的优势，发挥更优的教育作用。学校通过立项与加强师资培训，把金融理财教育纳入道德与法治课、语文口语交际课、数学课、综合实践课、美工课等相关课程的教学中，开展专项活动实践课。

（三）以活动为载体，多样化践行金融理财教育

1. 综合实践系列活动

财商课程采用"金融知识课＋综合实践课"的形式开展，以综合实践课型作为主线，以活动为载体开展专题教育。学校采用分层指导的方式，融合家长、社区财经教育资源，构建学生真实的财经素养教育阵地。要求一、二年级学生每月独立完成一次家长交给的购买日常用品的任务；三、四年级学生则每月当一天家，负责安排家庭一天的花费与购买用品，把学校里学到的知识运用到生活中；五、六年级学生在寒暑假时间，到家长或亲戚朋友的商铺或金融机构中学习，进行为期两周的"影子行动"，掌握"实战"的财经知识。让学生真正实现"在生活中学、用生活来学"。

2. 跳蚤市场体验活动

跳蚤市场是一种由一个个地摊摊位组成的自由买卖场景，学生在这一场景里不仅能够学会买卖的"门道"，还能习得文明交往的风气，提高语言表达能力和人际交往能力。这是金融理财教育的良好活动形式。

一是实践。跳蚤市场的举办是财商课程的具体内容之一。为了让学生在活动中感知市场规律，活动前两周，学校大队部出台了活动方案，并将商铺销售一览表发到负责销售的五、六年级的同学手中，引导学生进行市场调查，制定销售策略，并记录商品的成本、商品采购数量等。

二是体验。活动当天，学生进行角色体验，分别担任销售、财务、采购等角色，学习怎样当老板，感受身为销售员和顾客的乐趣。同时，开展了"特色商铺""最佳合伙人"评选。

三是思辨。为深入挖掘活动内涵，跳蚤市场活动结束后，学校引导学生进一步思考"钱是怎么来的？怎样管理钱？怎样花钱？"等问题，让学生由感性的参与转向理性的思考。

在跳蚤市场上，叫卖声、讨价还价声、欢笑声不绝于耳，整个校园俨然一个商业街。学生卖出的不但是商品，还卖出了创意；学生买到的，不但是心仪的商品，更收获了金融理财知识、技能以及文明教养。通过提供跳蚤市场这个活动平台，学生在角色体验中学习金融常识，初步感知市场经济运作规律，把金融理财的"种子"播撒在心田。

3. 家长大讲堂活动

财商课程的培养目标必须通过学校、家庭、社会的协同教育来实现。教师应充分利用家长资源，以实现教育的最优化。要求学生积极参与家庭理财，让家长告诉学生家中的钱是怎么花的，帮助学生了解该如何掌管家庭的开支，使学生在活动实践中真正体会到学习理财知识的重要性。例如，学校先后邀请讲师团的专家到校进行金融理财进校园——"市场交易技巧"培训。

四、课程成效

财商课程根据儿童身心发展规律探究教学的具体路径，努力创设接近学生真实生活的问题情境，让学生在学中做、在做中学。通过一系列的知识教学和实践活动，该课程收到了显著的教学效果。

（一）初步成效

1. 提升了学生的综合素养

课程以生活教育理论为支撑，开展财经素养体验式启蒙教育。以学生真实的生活经验作为活动背景，运用已有的学科知识，通过角色体验来展开学习与感悟，达到"用生活（经验）学习，在生活（情景）中学习，为了（更好地）生活学习"的培养目的，促使学生在实践中思考，在实践中感悟，在学习中生长，进而学会理财、学会交往、学会生活、学会担当，提升了学生的综合素养。

2. 丰富了先锋教育文化

随着金融理财教育的深入实践，学校对财经素养启蒙教育项目化、主题化、系列化、精品化，逐渐形成课程，把金融理财教育纳入先锋教育特色体系、先锋素养体系之中，把财商课程纳入校本课程体系之中。以先锋教育核心理念指导开展金融理财教育，做到有项目组、有课时、有方案、有评价激励，推动了学校德育工作特色发展。

3. 引发了媒体高度关注

番禺区电视台已连续两年对学校相关金融理财教育活动进行专门拍

摄报道；学校每年的金融理财教育活动都在《番禺日报》上有专题报道；《金融理财我能行·奉献爱心我快乐》案例发表在《都市人成长》（小学版）杂志上；学校在番禺区专项工作会议上汇报金融理财教育活动，对本区域金融理财学校教育起到了引领作用。

（二）未来展望

关于财商课程，目前学校仍在进行初步的探索，还有很多待完善的地方。例如以下几方面：第一，活动设计可进一步优化，使课程更符合学生的心理与认知。第二，家长对金融理财教育重视程度的差异较大，应加强对家长教育观念的引导。第三，健全课程评价机制，完善课程管理。

财经素养是现代人的核心素养之一，金融理财教育是新课程标准中学会生活、学会创新的重要内容之一，学校将把财经素养作为先锋素养来培养，为国家培育更多未来杰出的财经人才。

五、课程案例

红领巾跳蚤市场是财商课程中最重要的教学活动，也是学生最喜欢的活动之一。下面以红领巾跳蚤市场为例，展现学校财商课程的实施过程。

（一）活动目标

第一，开展金融理财知识学习，初步理解成本、利润、供给侧、需求侧等金融知识，培养学生的金融理财能力。

第二，以角色体现教育，让学生体验创业的快乐，学会创新、学会交往、学会生活、学会学习、学会担当，学会基本的金融理财知识。

第三，培养学生的文明素养，学会诚信做人，启迪慈善价值观。

（二）活动过程

1. 角色分配，开展金融理财知识学习

问题导向：如何经营小商铺？

五、六年级学生为小商家角色，以每班8～10位学生自由组合，创建"小商铺"，并进行角色分配：有的当店长、有的当财务、有的当信息收集员、有的当销售员……学校还聘请家长任辅导员，进行一对一式帮扶，但明确规定家长辅导员不能包办。

以"钱是怎样来的"为问题导向，开展金融理财知识学习。邀请真正在金融机构（如银行）工作的家长对学生进行金融知识专题讲座，主题是"如何经营小商铺"，以具体案例辅导"小小创业者"，解决从进货到经营再到结算的实操技术问题。

学科教师对五、六年级学生开展学科专项教学，如数学科开展相关统计知识的学习、语文科开展相关口语交际的学习、《金融理财知识读本》专项教学开展相关内容的学习。通过一系列的学习，学生初步具备了金融理财相关的知识与技能。

一至四年级学生扮演购物者。通过道德与法治课，教师进行教材中"如何购物"课程教学；通过语文课，进行购物语言交际学习。通过联系生活经验与学科知识，购物者初步具备了良好的理性购物的知识与能力。

2. 角色扮演，体验金融理财知识运用

问题导向：钱是怎样来的？（五、六年级）怎样花钱？（一至四年级）

活动当天，整个校园模拟真实的商业街情景，33个由五、六年级学生装扮的展位开张迎客，每一个展位充满个性化创意，学生们穿上自己设计的工服，佩戴袖章（分工），各就各位。出售的商品五花八门，有闲置的文具、二手图书，有 DIY 商品，有采购而来的小货品，囊括用的、吃的、玩的、看的，每一件商品都是学生精心挑选的。开张前，学生已向消费者派发自己制作的小宣传单张。开张时，小店主们各出奇招，不同时段采用不同营销方法，首先是购物抽奖、送体验游戏，以招揽顾客，然后是打折优惠，最后是"买一赠一"大促销。学生们分工明确，有的出奇招招揽客人，有的埋头结账登记，有的拿相机、笔记本做市场信息收集，为及时调整销售策略提供信息支持。家长们、教师们在旁鼓励加油！

一至四年级的学生货比三家，大胆议价，不但看品质，也看价格，更看服务，个个都是精明消费者。

少先队大队部充分发挥活动管理功能，组织学生、家长义工队，建立"消费者投诉点"，处置交易纠纷；建立市场管理处，负责整个跳蚤市场的安全、秩序、卫生、文明管理，实施全场巡管；建立文明经营办公室，负责最具创意商铺、最佳商铺、诚信经营商铺、文明消费者等的评选。

3. 角色拓展，开展用财教育

问题导向：如何理财？

跳蚤市场活动结束后，学生的工作仍未结束，立刻展开紧张的结算工作。少先队大队部提出倡议，每一个商铺认真核算利润，让学生学会成本核算、利润计算等知识，并进行过程清单公布交流分享。一周后，各商铺店长代表把利润捐献给"红领巾小银行"，由小银行行长（由在正规银行任职的家委担任）接受捐款，并公布过去一年的账目清单。"红领巾小银行"所得款项用于广州市增城派潭中心小学高埔分教点特困学生的帮扶、本校特殊学生救助等（如 2017 学年救助了一位家庭困难的白血病同学、一位失亲特困同学），让学生体会到自己的劳动成果发挥的慈善作用，引导学生把钱花在更有意义的地方，也把慈善的种子埋在学生的心田里。

4. 活动拓展，教育延伸至生活

问题导向：真实生活中的金融理财知识。

学校提出，五、六年级学生利用寒暑假时间，到真正的金融机构去考察，进一步了解金融职业的真实生活与扩充金融理财知识，回校后与同学分享。每年的春节花市中，都可以看到先锋学子身影，有的与父母一起经营小店铺，有的参与义工活动。

（三）活动反思

1. 活动优点和缺点

活动以跳蚤市场为切入点，以金融理财知识学习为内容，以问题为导向，以角色体验式教育为手段，对学生进行财商启蒙教育，收到了良好的效果。主要体现了以下几个理念：第一，充分体现孩子的教育主体地位。该活动充分让学生成为教育的主角，充分利用学生已有的生活经验与学科知识，通过创设接近真实生活的情境，让学生在体验中思考、在体验中感悟、在体验中成长，让学生在实践中学习、在实践中创新。第二，以生活教育理念为支撑，开展财商体验式启蒙教育。以学生真实的生活经验作为活动背景，运用已有的学科知识，通过角色体验来展开学习与感悟，"用生活（经验）学习，在生活（情景）学习，为了（更好地）生活学习"，在实践中思考，在实践中感悟，在学习中成长。第三，以核心素养为指导，以财商启蒙为内容，培养学生学会创新、学会交往、学会生活、学会学习、学会担当，掌握基本的金融理财知识。第四，响应国家经济改革措施，学习"供给、需求、成本结算、利润结算"等金融常识，实践体验"大众创新、大众创业"，为国家培养金融人才做启蒙。

活动仍存在不足：首先，有的小商铺的家长辅导员引导不足，小商品品种不够贴合消费者的需求。其次，个别商铺在计算利润时出现混乱，主要原因是成本核算不清。

2. 活动创新点

第一，创新金融理财知识教学新模式。以问题为导向、以角色体验式教育为手段，以真实生活场景为教育情景，充分融合学生的生活经验与学科知识，以学生喜爱的活动形式为切入点，构建行知德育模式，紧贴儿童天性，融知识性、趣味性、德育性为一体，学生在实践中学习，在学习中实践，知行合一。

第二，创新家校协同共育成长模式。活动全程合理利用家长资源进行家校共育，充分发挥家长的职业优势，更好地营造了更接近真实生活的教育情景，更好地把教育世界与生活世界、科学知识世界与日常生活世界进行有效对接，为学生创设了一个很好的生活课堂。

第三，学生创新、创意贯穿始终。从活动角色的商定到商铺的名字、店服、店名，再到商品采购以及营销策略等，无不迸发出孩子们的创意与创新。

（四）活动案例

我的市场我做主　奉献爱心齐欢乐[1]
——金融理财知识教学活动方案

【活动目的】

第一，本着"分享、体验、感恩"的理念，培养学生市场经济意识与模拟实操能力，是学生财商和职业启蒙教育的内容之一。

第二，通过交易活动，为学生创设理财平台，让学生学会推销、购买商品，学会设计促销标语、口号、海报，增强团队意识，体验"劳动快乐""公平买卖""资源共享"的乐趣。

第三，培养学生的爱心。活动所获利润全部捐给学校少先队"红领巾小银行"，由"红领巾小银行"捐献给有困难的学生个人或家庭。

【活动策略】

第一，家校协同，家长与学生共同准备相关"商品"，学生当好活动主体，教师、家长从旁指导（不能包办）。

第二，小组合作，以"合伙人"为组织创建公司，并商议分工及扮演的角色。

第三，构建买卖双方。一、二、三、四年级为买方，五、六年级为卖方。

第四，记者、市场管理方进行"市场布置"等，模仿市场经济秩序，构建"社区即学堂"情景。

【活动组织】

为确保活动达到预期目标，成立活动领导小组，负责组织领导和协调工作（人员安排略）。

【活动时间】

2016 年 4 月 7 日下午。

---

[1]　此方案由先锋小学陈锦花老师提供。

【活动地点】

学校操场。

【活动对象】

全体师生和家长义工。

【活动安排】

本届跳蚤市场活动分为四个阶段进行。

1. 第一阶段：活动准备（3月）

（1）利用国旗下讲话发动宣传，明确活动的目的、意义，并把本次活动的目的、形式、商品的范围告诉家长，得到家长的支持和配合，每个摊位安排1～2个家长协助。

（2）10人左右为一个摊位，五、六年级每班4个摊位，班主任做好小组人员安排。

（3）买卖的物品为书籍、玩具、学习用具、小饰品、个人制作的工艺品及书画等，要求成色较新，健康、干净、安全，没有损坏，必须保持八成新以上，以价廉物美为佳。参加市场出售的物品须先上交到班级，班主任对物品的成色、玩具的安全性、物品价格等把好质量关。义卖物品经班主任验收后才能进入售卖市场。

（4）每班可选出摊位店长、收银员、推销员等，让学生感受合作共赢的过程，同时给自己的展位（小商店）选定名称，可制定促销展板、标语、条幅、海报、促销口号等，由班主任进行适当的技术培训，摊位展台由各班自行准备。

（5）各班准备好销售物品后，以小组的形式来经营商铺，各小组整理好自己的商品。各班也需事先准备可以找赎的零钱，为销售做好前期准备。

（6）每位学生准备好一定数目的零用钱（最好是自己的压岁钱，需经家长同意），积极参加本次活动。

（7）五、六年级班主任要提前组织有意参与的家长到校开筹备会，共同商议。

（8）合伙人要进行市场调查，寻找最受欢迎商品。

活动要求：第一，各班对物品以及价格做好登记，填写好"商铺销售一览表"，班主任把好出售价格关。第二，由于参加此次活动的学生人数较多，班主任需要做好本班学生的发动、组织工作，事前教育学生注意活动当天的安全，遵守活动纪律，做到有序开展，并在活动结束后负责清理本班展位周围的卫生。第三，每位学生至少准备一件物品，物品须经家长同意，做好登记。第四，每件物品都要贴上标价。五是活动后，各班与家长一同统计销售金额，填写好"销售盈利"一览表，学校少先队将公布全数款项。

2. 第二阶段：活动开展（4月7日）

（1）下午2：30，五、六年级正副班主任、家长义工组织学生布置展位，一至四年级第一节上课。

（2）下午3：20，广播响起歌曲《红领巾飘起来》，各中队集队到运动场。

（3）下午3：30，举行队仪式，先出国旗，唱国歌；再出队旗、唱队歌。

（4）下午3：40，校长致辞，并宣布活动开始。

（5）正、副班主任带队进入卖场。

（6）下午4：40，副班主任、家长代表、中队干部整理场地。班主任组织集队，集中操场，校领导对活动做总结。

（7）大队辅导员呼号，宣布活动结束。

注意事项：第一，活动中要求所有的服务人员要对顾客做到微笑服务、优质服务。第二，在活动中保持校园卫生，不乱丢纸屑，各展位活动后搞好场地卫生。大队部将对整个活动过程进行卫生监督，对不讲卫生的个人行为纳入文明班评比的扣分项目。第三，各班落实活动安全措施，确保学生安全；选出本班安保人员在售卖过程中维持好秩序。第四，正、副班主任要关注和处理好交易过程中出现的意外问题，营造欢乐、活泼、文明、安全的商品贸易环境。第五，建议活动前列表格，记录学生的物品和价格，售出后做好记录，以便活动后统计销售金额。

3. 第三阶段：评比总结（4月7日—10日）

评选"特色商铺""最佳合伙人"。

组织大队干部对各班的摊位进行评选，原则上每个年级评出 4 个"特色商铺"（好的可以多选，视具体情况而定）。评选要求见表 3-16。

表 3-16　评选要求

评选内容	具体评选要求	分值
商铺布置	广告标语、价目清单、横幅彩旗等设计精美，吸人眼球	25 分
商铺气氛	能够运用吆喝、讨价还价、折扣赠送等方法来吸引顾客	25 分
文明服务	服务热情，运用礼貌用语，不与顾客产生争执	25 分
场地卫生	班级工作人员必须保持商铺场地整洁，负责场地的卫生	25 分

注意事项：第一，若出现售货员站在椅子上吆喝，或与其他商铺或消费者产生冲突等现象，取消其"特色商铺"和"最佳合伙人"评选资格。第二，活动结束后，各班推荐 4 位最佳合伙人给大队部，填写"最佳合伙人"评选一览表，学校给予表扬奖励。第三，利用国旗下讲话，对本次活动进行颁奖、总结。第四，少先队大队部将本次活动所获利润在"销售盈利"一览表公示。

4. 第四阶段：进行爱心捐献（后续）

本次活动所获利润全部捐给学校少先队"红领巾小银行"，由"红领巾小银行"捐献给有困难的学生个人或家庭，培养学生的爱心。

第四节　成长三礼，励志学先

导言

　　"发现自己，发展自己，成就自己。"先锋教育鼓励学生从小做最好的自己，成为自己的先锋，长大成为社会各界的先锋。成长三礼课程，遵循科学的教育规律，抓住学生成长的重要时间节点，以仪式促发展，以文化育先锋。

　　先锋六年，奠基一生。先锋教育着眼当下，更放眼未来。成长三礼课程（新生入学礼、十岁生日礼、感恩毕业礼）是对先锋教育六年的整体关注：让学生步入先锋小学第一天时经历入学礼，对校园、对小学生活留下美好的印象；十岁时，经历"小成人礼"；毕业时，总结六年先锋成长成果，留下难忘的童年记忆。抓住学生成长的关键时间节点进行情境教育，是先锋活动课程的一大特点。

一、新生入学礼

　　入学礼是人生一个全新阶段的开启，是学生进入校园的第一课。全校教师、工作人员有义务为学生备好这一课。这是一个神圣的仪式，能在每一位学生心中留下深刻印记。每一个教育环节都应该有目的性，都应该让学生有所学、有所得。同时，入学礼更应该反映学校的办学理念，也是学校向全校师生、家长传达新学期的目标与规划的平台。一场好的入学礼要用最贴近学生的方式，让学生能切实了解新学期的努力方向，有意识地完成对自己未来的规划。

　　入学礼的活动程序一般分为六步：第一步，主持人开场；第二步，介绍学校行政人员、一年级各班正副班主任及各科任教师；第三步，学生代表发言；第四步，学校领导派入学励志红包；第五步，校长发言，介绍红包的意义;第六步,家长离开学校,教师带本班学生进行学前教育,如图 3-13 所示。

图 3-13　新生入学礼活动现场

学生欣喜地从校长手中接过一份特殊的礼物——入学励志红包。这份红包与学生过年领到的红包不同,红包中装的不是钱,而是五件励志的小物品:一根橡皮筋,希望学生面对生活和学习,能像橡皮筋一样张弛有度,保持弹性,压力下不紧绷,困难中不折断,闲暇中不散漫;一个笑脸胸针,希望学生每天都能微笑着面对人生,同时在犯错时勇于承认、不沮丧,改正后重新振作起来;一个爱心形夹子,希望学生能胸怀爱心,用真诚善待他人,用感恩之心感受集体温暖,并与伙伴心心相印,紧紧团结在一起;一张先锋小学校卡,希望学生明确从今天起自己已经是小学生了,今后要充满自信,用自己的实际行动获取更多的文明分值,为班级增光添彩;一张由每一位教师亲手书写祝福语的书签,希望学生能在教师的呵护下,健康、快乐地成长。

这样充满期望与祝愿的励志红包,让学生们欣喜不已,他们纷纷表示这是他们收到的最有意义的红包,价值也绝不亚于家长给予的红包,因为这里面承载的是用不完的"精神食粮"。励志红包迎入学活动不仅达成了学校希望通过此种方式,引领学生逐步养成文明、坚强、感恩、自信等传统美德,并将之发扬光大的初衷,也切实拉近了师生之间的距离。

为了让每一位新生能更快地适应校园生活,学校在入学礼活动中设置了学前教育，包括三大内容：第一，进行行为习惯教育；第二，训练升旗仪式、早操队伍；第三，参观校园，认识室场：厕所——饮水机——校医室——1号楼、2号楼、综合楼，排队放学培训。

二、十岁生日礼

生活需要仪式感，教育亦然。十岁礼是中国传统"八礼四仪"中重要的仪式之一，是成为社会栋梁的美好期许。十岁生日礼，是感恩教育，也是责任教育。通过举办十岁生日礼，让学生从中体验成长的快乐、体验未来的责任。同时，在互动中增进亲情、友情，融合互助，和谐进步。

以2020年十岁生日礼为例，活动流程如下：

第一部分：父母的祝福（十年回顾）

（1）街舞（厚德）。

（2）小组演唱《真的爱你》。

（3）家长给孩子赠送生日礼物并读生日贺信（播放背景音乐《听妈妈的话》）。

（4）家长代表与自己的孩子牵手上台，读写给孩子的生日贺信（播放背景音乐《听妈妈的话》）。

（5）随机采访2~3个学生有何感想。

第二部分：雏鹰飞翔（展望十年）

（1）诗歌朗诵。

（2）拉丁舞。

（3）校长讲话。

（4）学生代表发言（写给十年后的我的一封信）。

第三部分：庆生仪式

（1）各班学生把写着十年后愿景的纸船存入水晶瓶，把水晶瓶封存到励志园（对父母说出愿景、各班有序投放写有愿景的纸船、校领导护送学生将瓶子放到励志园、齐唱《我相信》）。

（2）亲子互动。

（3）亲子游戏。

（4）点蜡烛、唱生日歌、许愿、分切蛋糕（播放《生日快乐》）。

（5）照相留念。

（6）宣布活动结束，有序退场（播放背景音乐《世界充满爱》）。

图 3-14　十岁生日礼活动现场

在体验成长快乐的同时，学校注重树立学生的人生规划意识，启蒙职业规划。因此，十岁生日礼活动中，笔者在讲稿中便以"生涯教育"为主题，对学生进行职业规划教育。

生涯教育

——十岁生日礼讲稿

亲爱的小朋友们、尊敬的家长们，各位同事们：

下午好！首先，祝贺孩子们，你们度过了人生的第一个花样十年。

我们回想过去的十年，最难忘的是什么？我们收获了什么？范楚倩十岁时，已经收获了一摞金牌。在即将来临的人生第二个十年，我们计划如何度过？

人生未来的十年，是一个人一生中最重要的十年。我们将经历初中、高中、大学；我们将首次选择我们的职业方向，也就选择了我们未来的生活；更有趣的是，我们也将被社会选择。十年寒窗，将换取一张开往未来的火车票。勤奋的人，将紧紧掌握住自己的命运快车，拿到开往远方的车票；懒惰的人，将错失命运快车的车票。"早起的鸟儿有虫吃"，祝愿孩子们"锋从砺出，步步争先"！

　　未来十年，是中国腾飞的十年，是智能高速发展的十年，也是我们追逐梦想的十年，是激情燃烧的十年，更是埋头苦读的十年。你们将要到来的十年，是艰苦的。追梦当然辛苦，但我们相信，付出一定会有收获。

　　雄关漫道真如铁，而今迈步从头越！在这值得我们难忘的时间节点，我衷心祝愿孩子们，在未来的十年里，美梦成真，成为最好的自己，成为社会先锋！

三、感恩毕业礼

　　六年的小学生活对每个人来说都是非常难忘的。在小学里，学生学会求知、学会做人、学会交往……在学生即将离开母校的时候，通过隆重而有意义的毕业典礼让学生表达对母校、对教师的感谢之情，以及对明天幸福生活的憧憬。

　　以2020年感恩毕业礼为例，活动流程如下：

　　第一部分：各班在教室开茶话会、组织游戏（9：00—11：00）

　　（1）布置黑板标题、桌椅摆放，准备瓜果食品、活动奖品，营造课室氛围。

　　（2）正、副班主任组织学生开展游戏活动。

　　（3）学生写临别赠言、畅谈未来、照相留念。

　　第二部分：4个班学生分时段在综合楼下走红毯、在签名墙签名、照相（15：20—16：00）

　　第三部分：在阶梯室举行欢送会（四个篇章）（16：10—17：00）

　　1. 父母恩

　　（1）诗歌朗诵 《感恩父母情》。

　　（2）小组演唱《真的爱你》。

2．同学情

（1）爵士舞表演。

（2）学生互赠纪念品，说说心里话。

（3）齐唱歌曲《朋友》。

3．师生谊

（1）吉他表演。

（2）学生代表发言。

（3）学生为毕业班教师献花，并齐声感谢教师（播放背景音乐《我是一棵树》）。

（4）教师代表发言。

4．学校缘

（1）英文歌 *A little love*。

（2）拉丁舞。

（3）宣读毕业生名单（PPT 滚动播放名单）。

（4）家长代表讲话。

（5）家长代表向学校献锦旗。

（6）合唱《我的未来不是梦》。

（7）活动结束，到班主任处领毕业相片、照相留念。

图 3-15　感恩毕业礼活动现场

整个毕业礼活动感恩与幸福交织，惜别与希冀同在，这不仅是一次和母校的告别，更是一次洗涤灵魂的爱与感恩的教育。通过活动，可以让学生回顾在学校学习、生活、成长的点点滴滴，让学生感受学校的温暖，升华对学校的感情，激励学生不忘"先锋人"的担当，在新的学习、生活上发扬先锋精神。

理想教育

——2020年感恩毕业礼讲稿[1]

尊敬的老师们、家长们，亲爱的孩子们：

首先祝贺孩子们，祝贺你们完成了春花烂漫的小学阶段。今天，在先锋小学毕业的孩子共有193人，分别是六年级（1）班王××等49人，六年级（2）班王××等48人，六年级（3）班罗××等48人，六年级（4）班苏××等48人。希望这六年能带给你们一生的美好回忆，希望这六年成为你们美好人生的起点！

回顾六年快乐时光，我们见证了你们从宝宝长成青少年，从一个什么都不懂的"小屁孩"长成一个伶牙俐齿的"小大人"，我们打心底里感到欣慰。老师是这个世界上除了父母，唯一真心希望你们能超越自己的人。孩子们，请大家用最热烈的掌声和感恩的目光，感谢六年来陪伴、教育我们的启蒙恩师！

电影《蜘蛛侠2》里面有一句台词："每个人内心都活着一个英雄。"一个充满希望的国家不能没有英雄，一个充满希望的民族不能没有先锋。先锋小学希望你们今天做自己的英雄，"做最好的自己"，发现自己，发展自己，成就自己。只有"今天做最好的自己"，明天才能"做社会各界的先锋"。"吾乃世之先锋。"

孩子们，毕业了，校园之外天地宽。你们生在中国伟大复兴的时代，你们是中国的"复兴一代"，你们将亲眼见证、亲身经历中国"复兴之路"。"海阔凭鱼跃，天高任鸟飞"，放飞你们

---

[1] 本讲稿由笔者撰写。

的想象，走向属于你们的新时代。

2020年，是充满爱的一年。孩子们，毕业了，你们也长大了，将要离开母校了，像雄鹰将离开巢，飞向蓝天。纵有许多的不舍，但请你们记住，先锋小学永远是你们的母校，永远爱你们，先锋小学的大门永远为你们敞开，希望你们常回母校看看！

在我国传统文化中，"礼"尤为重要。在《论语》中，孔子反复强调"礼"对于一个人在社会上安身立命的重要性，"不知礼，无以立也"。"幼儿养性，童蒙养正，少年养志，成人养德"，成长三礼课程用"礼"营造独特的仪式，以活动促德育，启迪学生的心灵，潜移默化地教会学生以礼立身、以礼自省，传承和践行先锋精神。

第四章　问教育本真，铸先锋底色

什么是教育？生活即教育。

什么是最好的教育？做最好的自己，就是最好的教育。

学校完善先锋教育校本活动课程，发展文化德育；深入生活教育，培养文明有礼、积极上进、大气得体的先锋少年。

第一节　文化德育，领潮先行

导言

　　百年底蕴，德育先锋。先锋小学沉淀了厚重的先锋内涵，形成了优秀的德育传承。2018年，先锋小学启动文化德育行动研究，提出学科融合研究，为番禺教育改革出一份力。同年，学校以小学组评分第一名的成绩，成功申报番禺区首批文化德育实验学校，成为番禺区文化德育先行试点学校。先锋小学以实际行动践行了"领潮争先"的庄严承诺，续写了"先行者"的担当精神。

　　"人无德不立，育人的根本在于立德。这是人才培养的辩证法。办学就要尊重这个规律，否则就办不好学。"2018年5月2日，习近平总书记在北京大学师生座谈会上如是说。国无德不兴，人无德不立。立德树人是全面落实国家教育思想的根本要求。

　　《国家中长期教育改革和发展规划纲要（2010—2020年）》提出的"坚持德育为先。把社会主义核心价值体系融入国民教育全过程。把德育渗透于教育教学的各个环节，贯穿于学校教育、家庭教育和社会教育的各方面"，充分地显示了国家对学校德育工作的重视。同样，《中小学德育工作指南》《教育部关于全面深化课程改革落实立德树人根本任务的意见》《教育部关于培育和践行社会主义核心价值观进一步加强中小学德育工作的意见》等文件也强调了学校德育工作的重要性。系列文件的出台完善了德育制度体系，为学校落实德育工作指明了方向。

　　为落实立德树人的根本任务，打造番禺区"上品教化"升级版，培养有"番禺教养"的现代君子，番禺区教育局结合《番禺区教育发展"十三五"规划》关于推进"文化德育"的要求，制定了《关于加强中小学文化德育工作的指导意见》。文化德育是基于优秀文化的道德教育，实施文化德育是番禺区教育新发展的战略任务，是擦亮番禺区教育品牌的必由之路。

　　先锋小学践行"上品教化"升级版教育理念，优化先锋教育品质，传承学校优秀文化，竭力打造先锋教育品牌。学校以培养先锋学子的核心素养作为工作重点，创新德育方法，整合德育资源，通过丰富多彩的活动健全学生的品格，培养学生的能力，促进学生阳光、健康地发展。为构建学校德育新格局，启动了文化德育行动研究，提出学科融合研究，打造先锋文化德育。

一、学校德育工作的现状分析

　　决策基于事实。决策前需根据事实数据或分析报告，分析现状、资源等以便发现问题，分析问题的重要性和影响情况，根据不同的情况予以解决。学校德育工作亦同。做好德育工作，不能仅靠简单的某一堂课，而是要将德育渗透到课堂教学的各个方面、浸润在校园生活的各个角落、延伸到教书育人的各个环节，这样才能发挥德育的实效性。为此，必须对实施德育的环境、资源等情况进行分析，打开德育工作的新思路。

（一）当前的优势

1. 文化底蕴深厚，德育氛围良好

（1）先锋教育底蕴深厚。

学校地处岭南文化的中心地，有近百年建校历史。历史赋予了学校勇于担当、敢为人先的"红色文化"教育意义。先锋教育秉承学校优秀文化，全方位践行"办一所先知先行、先行先试的学校"的办学目标。

（2）先锋校园环境美。

学校"争先楼"的风雨廊设立了"先锋堂"，正面墙上悬挂"先锋赋"，"先锋堂"上展出先锋人、先锋事，讲述了先锋教育史。在风雨廊里，展示出学校历年培养出来的一批轮滑世界冠军、全国冠军，向学生弘扬追求第一、锋从砺出的精神。在"先锋轮滑主题园"中，屹立着"三堂凤舞"雕像，表现学校以独特的轮滑形式来传承市桥的民俗文化。"先锋故事墙"把学校的历史以学生喜爱的漫画形式进行展示，成为独一无二的校园景观。"艺馨堂"是学校的"书房"，是展示学生才艺的专门场所，里面展示着学生的书画作品、科技作品、活动成果等。每天，学生都在聆听着先锋故事，在"学先锋、当先锋"中践行着先锋人"能争先、敢领先"的气魄，浸润在先锋教育理念中。

（3）先锋人文环境好。

好的教育应该是学生、教师、家长三方步伐一致的教育。学校多年致力构建和谐的家校关系，成立了结构完善的家长委员会，并在各班成立班级家委会。借助家委会的平台，让家长对学校的教育教学工作有更全面、深入的了解。

每学期，学校会举办家长开放日，让家长走进学校、走进课堂。通过举办各种家庭教育讲座，邀请家长参与学校组织的各项家庭教育指导活动，让家长了解家庭教育的重要性，提高家庭教育的有效性。同时，班级家委会组织学生在假期去敬老院、星海公园等地方参加社会实践活动。通过家校合作形成教育合力，使学校教育、家庭教育有机结合起来，为学生提供良好的家校共育环境。

2. 注重课程建设，特色项目见成效

近年来，学校以创建"先锋教育特色学校"为契机，全面践行"上品教化"升级版，完成了"德育活动主题化—德育活动系列化—德育活动课程化"的历程，形成了先锋教育特色下的德育课程体系，并打造出一批德育文化精品活动，形成了先锋德育文化品牌活动课程。

（1）先锋轮滑品牌项目。

在多年的努力下，先锋轮滑逐渐成为区域内的轮滑先锋，培养出一批轮滑代表性人物。近年来，先锋轮滑进入快速发展阶段，招聘了全国轮滑冠军任学校轮滑教师，并开发了轮滑教育校本教材，实现"轮滑进课堂"，实现轮滑教育普及率100%。冠军精神教育成为先锋德育的重要内容。

（2）先锋理财特色项目。

2016年，学校成为"广州市第二批金融理财知识教学试点学校"。学校结合项目课程进行学科渗透与整合教学研究，采用跨学科整合研究实施教学，结合数学、语文、道德与法治、综合实践等学科开展研究性学习，着重实施体验式教育，开展基于红领巾跳蚤市场的金融理财教育的实践探究性学习，收到良好的教学效果。

（3）书香先锋特色项目。

学校一直以"学先贤、学先进文化"为抓手，培养学生终身学习的能力，大力打造书香校园。2009年，学校获评广东省首届书香校园学校，书香校园从此成为先锋教育的重要内容。学校加大投入，新建4个"书香主题吧"、1个建筑面积300多平方米的主题书屋，为学生提供了优良的阅读环境。每年的书香艺术节、古诗词大赛等，都成为学生期盼的活动，"先锋诵读"更成为区域内的一张名片。

3. 德育队伍建设成效显著

学校建立名师、名班主任工作室，借助名师、名班主任的力量，引领学校教师、班主任队伍专业成长。名班主任工作室由学校的名师、名班主任担任主持人，骨干教师、班主任作为工作室成员，年轻新教师、班主任作为工作室学员，形成学习型、研究型教师与班主任工作团队。

工作室遵循相关规定，合理制定相应工作研究与学习交流制度，拟定学科教学和班主任工作常规研究专题，以校本行动研究方式开展工作室活动，形成了学校的学科教学和班主任工作特色亮点，整体提升了教师和班主任专业性教育教学能力和水平。以名师、名班主任工作室为载体，培育具有"先锋"意识和"先锋"能力的奋勇争先、与时俱进的教师团队，为实现"做先锋人，立先锋志，培养实现中国梦理想的下一代"的办学愿景而努力。

（二）存在的不足

1. 德育课程需要进一步整体规划，以凸显先锋特色品质

近年来，学校围绕"先锋教育"文化开设了多门德育校本课程，开展了一系列的德育活动，组建了丰富多彩的社团。对照番禺区教育局《关于加强中小学文化德育工作的指导意见》，学校的德育课程涉及人文德育、生活德育、风雅德育、幸福德育四个实施途径，德育活动呈现出生机勃勃的局面。但是，随着德育系统化、科学化越来越受到普遍重视，学校的德育活动也存在一定的问题：德育活动虽然数量多，但系统化和科学性不足。因此，如何充分利用各种优秀文化资源，梳理、整合相对零散的德育活动，构建更加科学与系统的文化德育课程体系，形成具有校本特色的文化德育品牌，是学校需要继续深入思考的重点问题。

2. 德育评价体系有待完善，实现科学育人

激励性评价对学生健康发展有着举足轻重的作用。学校历来重视德育评价体系的完善，在德育评价工作方面做过一些大胆的尝试，例如，在校级、班级中开展每周"榜样之星"评选活动，在全校推行"班级管理评价量化细则"，以及采用成长册等方式进行评价，这在一定程度上推动了学校德育工作的开展。但德育评价具有复杂性、抽象性和不确定性，在评价过程中往往容易出现评价目标过高，评价标准缺乏稳定性，重定性评价、轻定量评价，重静态评价、轻动态评价等问题。因此，如何使德育评价工作更具有科学性、可操作性，是学校全面提高德育实效的重点工作之一。

3. 社区德育资源亟待盘活，营造开放的育人环境

社区不仅是未成年人最常活动的场所，更是未成年人道德教育的大课堂。学校周边有良好的社区资源可供利用，但是由于种种原因，学校与社区的联系还不够紧密，没有充分发挥社区德育的功能，学校的教育资源也没有很好地向周围社区辐射。社区是学生生活的环境，也是学生学习的环境，蕴藏着丰富的学习资源。因此，如何与社区沟通、开发和利用好社区资源，成了学校有待进一步研究的课题之一。

二、先锋文化德育的概念内涵

学校文化德育工作以党的十九大和习近平系列讲话精神为指导，坚持以培育社会主义核心价值观和发展学生核心素养为导向，围绕立德树人这一核心和根本任务，落实教育部《中小学德育工作指南》和番禺区教育局《关于加强中小学文化德育工作的指导意见》文件精神，并结合番禺区"上品教化"教育理念和学校"先锋教育"文化内涵，全面推进文化德育的深化工程，创新性地开展文化德育工作，培养勇于担当、敢为人先、锋从砺出、追求卓越的先锋人。

（一）先锋文化德育概念界定

先锋文化德育是基于先锋教育特色体系，具有先锋小学人、事、物特质文化，通过人文德育、生活德育、风雅德育、幸福德育实施的教育模式。

先锋文化德育是基于先锋小学优秀文化的思想道德教育。先锋文化德育站在文化高度，遵循文化规律，运用文化方式，用优秀文化熏陶人，用时代内涵引领人，以实现立德树人的根本任务。先锋文化德育深深扎根于番禺古邑背景下的中华优秀传统文化，又重点融合了百年先锋教育历程中的优秀文化，它蕴含着鲜明的勇于担当、敢为人先、锋从砺出、追求卓越的精神内涵。

先锋文化德育把关心人、爱护人、尊重人作为前提，把发展人、成就人作为目标，培养具有人文情怀、责任担当、优雅气质、乐观豁达的现代公民。先锋文化德育注重从学生的生活和实际需要出发，思考、发

现、探索和领悟生活伦理和幸福真谛；注重呈现道德之美，激发学生的审美情感和道德情感，唤醒学生作为德育主体的内在自觉，造就完美的人格；注重生命成长与人生幸福，激发、唤醒和发展学生的积极心态、乐观情绪和健全人格。

（二）先锋文化德育的目标

1. 先锋文化德育总目标

一方面，围绕区域文化德育的指导意见，结合学校"培养会先学、能争先、敢当先的先锋学子"的办学特色，有组织、有计划、有目的地通过人文德育、生活德育、风雅德育、幸福德育四个途径扎实推进先锋文化德育工作建设。

另一方面，传承和发展"先锋"的文化精髓，整合提升先锋教育的文化内涵，构建一个激励师生积极向上、奋勇争先的特色鲜明的先锋教育模式，营造适合教师专业发展和学生健康成长的人文环境，整体推进"和谐校园、优质学园、成长乐园、幸福家园"的学校发展目标，探索出一条独具特色的文化德育之路，全面提升学校德育文化品质，最终实现全面践行"上品教化"升级版。

2. 先锋文化德育具体目标

先锋文化德育的具体目标分为四个方面，分别是课程体系化、队伍专业化、资源一体化、工作特色化，以"四个化"扎实推进德育工作。

先锋文化德育课程体系化：根据文化德育四个实施途径，以已有校本课程为基础，继续挖掘和利用文化资源，开发适合学生发展的校本课程，形成完善的德育课程体系。

先锋文化德育队伍专业化：通过同伴互助、专家引领、课题研究等方式提升教师理论水平，促进教师专业发展，提高教师育人能力，打造一批师德高尚、专业素养高、幸福感强的教师团队。

先锋文化德育资源一体化：充分挖掘社区德育资源，进一步加强家校合作，构建"三位一体"德育网络。形成以学校为中心、社区各方参与的工作格局，实现全员育人。

先锋文化德育工作特色化：积极构建幸福德育平台，为学生、教师打造幸福生活的环境，推进少先队特色工作开展，创新德育特色品牌，推动学校走出一条文化德育特色之路。

三、先锋文化德育的落实措施

（一）基于先锋教育特色理念，构建先锋文化德育课程体系

先锋文化德育注重以自然和谐、潜移默化的方式浸润学生的心灵、滋养学生的品行，注重学生优秀文化、优良道德品质的养成教育，充分体现先锋教育文化内涵。根据学校的育人目标和德育理念，文化德育课程体系的构建将依托校本课程体系，将国家基础课程、校本特色课程和特色活动有机整合，通过"人文德育、生活德育、风雅德育、幸福德育"四大模块开发并实施区本、校本文化德育课程。

1. 先锋人文德育

先锋人文德育包括厚德课程和"悦读"两大板块的特色课程，主要以阅读课程、品德课程中关于习惯、诚信、爱、生命及感恩等元素的要求，引导学生学会认识自我、与人为善、学会感恩、互助互爱；培养学生爱家爱校、爱乡爱国的情感。

2. 先锋生活德育

先锋生活德育包括财商课程、少先队活动课程、社区融合课程及班级话事人（班务全员化管理）四大板块的特色课程，侧重于培养学生树立对自己、对家庭、对社会的责任担当意识，学会承担，乐于助人；培养学生的主人翁意识、家庭责任感和集体荣誉感。

3. 先锋风雅德育

先锋风雅德育主要包括厚德先锋课程、争先课程（繁星课程、舞动先锋课程），采用艺术选修、艺术欣赏等方式，让学生掌握基本的艺术欣赏和鉴别的知识和方法，学会热爱运动，学会合作与竞争，拥有艺术兴趣和爱好，进而提高审美素养。

4. 先锋幸福德育

先锋幸福德育包括先锋榜样课程和成长三礼课程，也包括心理健康教育、生涯教育等，主要侧重于培养学生健康向上的心态，保持朝气蓬勃、昂然向上的精神状态，拥有强健的体魄；培养学生的兴趣爱好，并主动探究；培养学生乐观豁达的精神品质。

（二）深入推进学校治理现代化，建构先锋文化德育氛围

在先锋教育的引领下，学校教育以科学发展观统揽全局，全面推进学校治理现代化。把"为学生未来负责"的教育理念加快转变到科学发展上来，把教育的工作重心加快转移到校园文化建设和内涵发展上来，把育人模式加快转换到面向全体和全面发展上来，真正做到以人为本，进一步优化育人环境。将搞好校园文化建设作为学校精神文明建设和创设优质教育的重要内容，通过打造高雅校园环境、丰富学校制度文化，弘扬校园主体精神，提升学校内涵，促进师生的共同成长，使学校教育在遵循教育发展规律和学生身心成长规律的基础上，实现科学发展、和谐发展、可持续发展。构建先锋文化德育的阶段性计划如表4-1所示。

表 4-1　先锋文化德育阶段性实施计划

阶段	主要工作	具体措施	负责人
2018—2019 学年第一学期	1. 制订学校文化德育规划方案； 2. 构建先锋教育课程体系； 3. 开展德育课程队伍建设； 4. 完成文化德育课题申报工作	1. 成立文化德育领导小组，开展调研，收集师生意见，制订"先锋小学文化德育三年规划实施方案"； 2. 组织理论学习，明确各执行小组落实先锋教育的阶段性工作任务，开展相关培训，提升学校德育队伍的专业化素养； 3. 成立德育课程专项小组，树立和整合课程资源，构建先锋教育课程体系； 4. 鼓励与组织教师申报区文化德育相关课题，明确课题研究的主要方向	德育副校长、德育主任

ly（续上表）

阶段	主要工作	具体措施	负责人
2018—2019学年第二学期	1. 完善与实施先锋教育课程体系； 2. 促进家校共育； 3. 少先队特色活动课程化实施； 4. 进入文化德育课题行动研究阶段	1. 梳理与整合课程资源，完善先锋教育课程体系； 2. 促进家校深度合作，重点盘活社会资源，打造家校社"三位一体"德育网络； 3. 扩大优势，整合资源，落实少先队特色活动课程化实施； 4. 课题组成员做好研究设计与准备，进入文化德育课题行动研究阶段； 5. 完成校园育人环境一期改造工程	德育副校长、德育主任、教导主任、年级组长、大队辅导员、班主任
2019—2020学年第一学期	重点攻破薄弱环节，放大优势，打造精品，初步形成文化德育特色	1. 梳理评价内容与评价指标，构建先锋德育评价体系； 2.继续深化少先队特色活动课程化实施，突破难点，重点攻坚，打造精品课程； 3. 深化家校社合作，完善"三位一体"德育网络； 4.加强德育队伍建设，打造一支强有力、高素质的教师队伍	德育副校长、德育主任、教导主任、年级组长、大队辅导员、班主任
2019—2020学年第二学期	1. 完善校本特色德育读本； 2. 进行文化德育科研造势，提升教师实践智慧	1. 结合先锋教育课程、少先队特色课程等开发具有先锋特色校本德育教材； 2. 以文化德育的相关课题为依托，开发成果性德育读本； 3. 建立常规校本科研培训制度，进行文化德育相关课题研究的阶段性总结与反思，加大教科研力度，提高教师科研实践能力； 4. 完成校园育人环境二期改造工程	德育副校长、德育主任、教导主任、年级组长、大队辅导员

（续上表）

阶段	主要工作	具体措施	负责人
2020—2021 学年第一学期	1. 完善达人德育评价机制； 2. 提炼文化德育课题研究结论与成果	1. 完善先锋教育评价机制，进一步完善学生成长手册、评价标准、评价方法，以及先锋学子的评选模式； 2. 科学提炼文化德育课题相关结论，形成独具校本特色的文化德育科研成果	德育副校长、德育主任、教导主任、年级组长
2020—2021 学年第二学期	1. 进一步总结、提炼第一期学校文化德育成果； 2. 进行第二期先锋文化德育系列课程研发	1. 进一步提炼、提升文化德育课程品牌、社团特色活动品牌、少先队特色活动课程化品牌、家校合作经验成果、评价体系成果，形成《先锋小学第一期文化德育成果汇编》； 2. 完成校园育人环境三期改造工程； 3. 进行第二期文化德育系列课程研发，继续完善提升第一期的课程成果	德育副校长、德育主任、教导主任、班主任、大队辅导员、社团教师

其中，在实施校园文化建设时，要遵循以下原则：

一是育人性原则。根据学校实际，结合时代特点和形势需要，发挥校园文化建设的育人功能，使广大师生在校园文化建设中提高思想道德修养和养成良好行为习惯，提高师生的整体素质。

二是整体性原则。校园文化建设要符合党和国家的教育方针，围绕学校中心工作，密切联系社会实际，体现时代精神，同时，校园文化建设在功能上应该是一个统一的整体。

三是特色性原则。创新校园文化建设的途径和方法，丰富校园文化的内容和形式，在传统中挖掘新意，通过新事物来领悟传统文化，用融合的手段为校园文化注入生机与活力。

四是继承与发展原则。走精心设计、主题鲜明、内容丰富、形式多样、特色明显的路径，做到硬化、净化、美化、文化，各个场所布置个性鲜明、符合特点，能使用规范字，体现浓厚的学校文化底蕴和办学特色。

推进学校治理体系和治理能力现代化，要坚持以发展观为引领，不断根据新情况调整、优化相关目标、实施计划等，以促进治理结构的不断完善，适应教育现代化发展新要求，提升素质教育水平。

（三）加强校研，培养先锋文化德育教师团队

课题引领，就是以课题研究为抓手，以促进学生全面发展、提高教师专业素养、学校德育工作创新发展为落脚点，不断拓宽德育科研途径，丰富课题研究活动载体，使课题研究成为文化德育内涵发展的着力点。为此，学校组织参加"构建校本德育活动课程体系的研究"和"生活教育理念校本化研究"的番禺区"十三五"教育课题，分别申报了"生活教育理念校本化研究""基于生活教育理念下有效培养学生科学素养的策略研究""现代小学生应用新媒介提高阅读能力""基于生活教育理念下小学英语主题性作业设计与实施的行动研究"等课题，依托课题的引领，让教师转变德育工作思想，为学校德育水平提升创设条件，引领学校文化德育工作向纵深发展，为打造文化德育品牌奠定基础。

（四）发挥优势，打造先锋文化德育特色品牌

1. 强化"532"德育体验活动，打造先锋文化德育特色活动

丰富的生活经验和内心体验是德育的重要内容，学校根据教育内容和教育目标，科学、有效地创设教育情境和教育活动，让学生通过亲身经历，用心去体验，用心去感悟，在体验中把先锋意识内化为品质，外显为行为。学校精心设计了"532"体验德育模式："5"是指5个以综合实践活动形式进行的德育活动主题"厚德课程"（一、二年级行为养成教育，三年级诚信教育，四年级爱的教育，五年级生命教育，六年级感恩教育）；"3"是指三个礼，即新生入学礼、十岁生日礼和感恩毕业礼；"2"是指"年度感动校园十大先锋人物"评选和"先锋之星"评选活动。

2. 完善特色社团活动，打造先锋文化德育精品活动

学校组建了各式各样的学生社团，主要分为三个层次：一是高端社

团，学校和俱乐部合作，挑选在某个项目特别有潜质的学生，通过名师指点，成为该项目的领军人物。如拉丁舞社团，拉丁舞除了可以增强学生的体质，还能增强学生的自信和气质，因此学校在全校普及拉丁舞的基础上，与校外拉丁舞俱乐部合作，聘请专业的教师给有潜质、有兴趣的学生"加餐"，每周托管后进行训练。二是专业社团，由本校专业教师执教，主要是体育类、艺术类社团。三是兴趣社团，由本校教师结合自己的兴趣特长组建的社团，有辩论社、文学社、英语话剧社等。

同时，学校每年举行四个特色节日，分别是艺术节、读书节、体育节和科技节。通过四个特色篇章展示社团的成果："艺韵悠长"——艺术篇、"搏击展英姿"——竞技篇、"书香溢满校园"——读书篇、"博采善教为人师"——教师发展篇，生成师生文化气质。

3. 提升先锋轮滑教育，打造先锋文化德育品牌课程

学校以先锋轮滑为主要内容，实施"一校一品"发展策略，全力打造先锋轮滑文化德育品牌。

第一，以"中国第一个轮滑世界冠军范楚倩的冠军成长历程"为文化事件，深挖文化德育内涵，通过"人文德育、生活德育、风雅德育、幸福德育"四大模块，全面传承发展"冠军文化"。第二，通过建主题园、"先锋讲坛"、"年度感动校园十大先锋人物"评选等活动，挖掘、传播冠军精神，让"学会赢、不怕输"成为先锋学子的精气神。第三，编制"市桥先锋小学轮滑教育校本课程"，招聘全国轮滑冠军任学校专任教师，以冠军育"冠军"，实现每周上一节轮滑课。第四，以学科融合研究，促进科研发展，提升轮滑教育的科研水平。第五，通过每年举办专项轮滑校运会，组织队员参加各级轮滑比赛，积极参与社区轮滑教育推广活动，组织参加各级政府的展示活动等，营造轮滑教育氛围，为轮滑运动做贡献。第六，深挖地域文化内涵，通过轮滑形式传承番禺市桥民俗文化"三堂凤舞"，把先锋轮滑的冠军精神与区域优秀文化进行融合，丰富先锋轮滑的德育内涵。

4. 拓展综合实践活动，打造先锋文化德育地域特色

市桥地处美丽富饶的珠江三角洲腹地，位于番禺区的中心地带，民

间艺术丰富多彩，"三堂凤舞"、珠坑醒狮和黄编醒狮是市桥"凤狮文化"的精髓所在，学校将"三堂凤舞"文化与综合实践课程深度融合，开展了课题研究，并推出特色课程。多年来，学校充分挖掘传统文化精髓，以"龙凤"为切入点，不断拓展综合实践活动，开展了"妙笔生辉绘龙凤、七嘴八舌赞龙凤、欢天喜地贺龙年"等一系列实践活动，形成了"龙凤"先锋校园文化特色。

（五）重点突破，争创特色鲜明的少先队阵地

少先队是建设社会主义和共产主义的预备队，是实施素质教育的一个重要方面。因此，学校积极通过各种手段强化少先队组织建设，把创建先锋教育文化德育的重心下移到学生中。先锋教育文化首先是"人的文化"，是学生的文化。"我们的文化我们建"，学校充分发挥少先队组织教育的功能，让先锋教育的德育文化在学生心中生根发芽。

1. 固本强基，夯实基础建设

（1）少先队组织建设。

首先，学校成立了以校长为组长、副校长为副组长、大队辅导员为常务副组长、各中队辅导员为组员、家长代表参加的学校少工委，加强对少先队工作的领导。其次，每学期的文化德育工作计划对少先队的工作加以统筹规划，指明行动和发展方向。最后，每学年举办大队委竞选，通过班级和校级选拔两个阶段，选出有能力、有威信、有实力、能为少先队服务的全面发展的优秀队干部；成立"红领巾监督岗小干部"，对学校的卫生、纪律、仪容仪表等常规项目进行检查和监督，让学生管理学生，树立他们的小主人翁意识；组建形式多样的红领巾小队，如"红领巾小义工""红领巾小记者"等，并有计划、有组织地对这些队伍进行训练，在大队活动、重大节日、升旗仪式等活动中充分展示与运用。

（2）少先队阵地建设。

学校加强规范少先队活动室的建设。一是按照少工委文件要求，学校对队室进行规范布置，为队员、队干活动提供了良好的场所。二是规范与完善"小真人广播站"的建设，通过少先队员自主写稿、选稿、播

稿，对时事信息、经典著作、诗歌散文、安全教育等内容进行广播，把广播站办成少先队活动最强有力的宣传阵地。三是发挥黑板报宣传阵地的作用，实行黑板报评比制度，把评比的结果纳入文明中队、三好中队的评比当中。四是为了给队员创造一个良好的中队活动阵地，各中队辅导员结合本班的班级特色，建设有特色的中队阵地，如设置图书角、争章能手等"中队园地"板块；各中队的"中队园地"每学期评选一次，并给成绩优秀的前三名中队加分，充分调动了广大少先队员参与活动的积极性。

（3）辅导员队伍建设。

少先队辅导员是少年儿童的亲密朋友和指导者，少先队工作要依靠辅导员具体落实和实施。优化辅导员结构，加强队伍建设，是少先队建设的关键。因此，要把少先队的辅导员队伍建设放在少先队建设的重要地位。学校少先队组织坚持抓辅导员的配备、培训工作，将辅导员培训列入学校学习制度。首先是辅导员自主学习，辅导员之间进行经验的沟通与交流；其次是通过"走出去"的方式引导辅导员积极参加市、区有关会议与培训；最后是通过"请进来"的方式邀请资深专家到校进行少先队工作专项培训。通过不断的学习培训，提高少先队辅导员的综合素质。

（4）少先队制度建设。

学校少先队工作领导小组与学校大队部研究制定了《校领导和辅导员研究少先队工作制度》《大、中队辅导员学习制度》《中队辅导员培训制度》等，对少先队各项工作提出要求，做出规范，并使每一项工作得到落实。

2. 提质增效，完善活动载体

（1）开展常规队活动。

体验活动是少先队教育的本质所在。为了让队员们有更多的实践体验，学校在传统节日、校园活动等基础上，不断创新，努力打造特色活动，让队员们在玩中学、在学中玩，从而快乐成长。一方面，为了落实习近平总书记系列重要讲话精神，学校组织开展了一系列围绕"争做新时代好队员"和社会主义核心价值观教育。另一方面，落实常规活动。例如，开展"红领巾低碳环保我能行"主题活动。学校利用中队活动课程，积极开展广州市垃圾分类回收活动，每星期五回收一次，引导学生懂得变废为宝。利用国旗下讲话，进行"垃圾分类知多少"有奖问答等活动，宣传环保知识，引导学生养成节约资源、保护环境的良好行为习惯。又如，把安全教育贯穿始终，常抓不懈，通过小广播、宣传栏、讲座、板报等少先队阵地对学生进行法制、交通、消防、卫生、心理健康等方面的教育，帮助学生了解和掌握更多的安全常识、提高安全防范意识和自护自救能力。此外，学校围绕清明节、端午节、教师节等传统节日和有特殊意义的节日，开展形式丰富的节日活动，让学生形成积极、乐观、向上的生活态度，促进学生身心健康。

（2）深入打造"一队一品"特色活动。

少先队活动是少先队员运用新知识探索新知、履行队员义务和责任的基本途径，又是玩学结合、促进交往、锻炼体力和能力的良好舞台。学校竭力打造"一队一品"特色活动，即每个中队都有自己的一个品牌活动。同时，红领巾社团在校园中蓬勃发展，成为少先队育人的有效途径。除此之外，"小舞台，大梦想"红领巾展示秀、红领巾跳蚤市场等活动成为全校师生喜闻乐见的传统特色项目。

通过多措并举，少先队成为学校具有影响力和凝聚力的群体。学校以少先队活动为载体，开展爱国主义、心理健康、行为养成、法制安全、绿色环保等教育，极大地丰富了学生的校园文化生活。这对营造学校的文化氛围、形成学校的历史传统都起着重要作用。如图4-1所示。

图4-1 少先队活动

(六)开发资源,打造家校协同教育共同体

学校以蔡汉棠校长的专著《家校互动教育生态文化场理念建构与实践》为理论指导,全面构建家校协同教育共同体。

1. 构建三级工作网络,实行分层管理

为加强家校沟通,形成教育合力,学校遵循"各班学生家长推荐、自愿报名、班主任推荐"的工作原则,成立了校级、年级、班级三级家长委员会,实行分层管理的模式,为家长参与学校管理搭建了平台。为了更好地发挥家长委员会的职能作用,学校通过举行"家校合力共谋发展"签约仪式,成立了三个督察组——安全督察组、师德督察组和教学督察组,分别与学校总务处、德育处和教务处进行对口联系,以便发现问题,及时反映,及时解决。

2. 细化管理制度,做到有章可循

完善的制度建设是保证工作正常运转的关键。学校先后制定了《先锋小学家长委员会章程》《2015年家长委员会工作策划书》,建立了《先锋小学家长委员会议事制度》《先锋小学家长委员会管理"家长义工"制度》和《先锋小学家长委员会工作记录册》。明确了家长委员会的职责、权利和义务,形成了较完善的制度保障,做到了有法可依、有章可循,从而保证了家长委员会工作有序开展。

3. 实施驻校办公,参与学校管理

家长委员会作为学校常设性群众组织,学校专门为家委会设立了办公地点,实行"驻校办公制"。为了更好地发挥家委会在学校工作中的推动作用,家委会向全体成员提出"四项功能":一是参与功能,参与学校管理,体现积极性;二是促进功能,提出意见建议,体现主动性;三是沟通功能,加强家校联系,体现及时性;四是监督功能,参与学校决策,体现民主性。家委们通过参与升旗仪式、深入课堂听课、进行午餐检查、实施安全护导等工作的开展,更加融入学校,从内心认可学校,从而自觉承担起相应的责任和义务。

4. 构建评价体系，积极履行职责

为了支持家委会工作的顺利开展，学校成立了由校长任组长的组织领导机构，拟订发展规划；并成立了由教师、家委会成员、社区代表组成的督查小组，监督学校民主管理，督促家委会履行职责，参与教师评价，评选优秀家长，促进了学校与家长联系沟通工作的开展。

四、先锋文化德育的评价机制

德育评价是德育管理工作中的重要环节，有效的评价机制能极大地推动学校德育工作的开展。为了提升先锋文化德育工作的有效性，学校从以下几个方面健全德育评价机制。

（一）建立多样化的德育评价方式

第一，完善班级评价机制。根据文化德育工作目标，严格要求各班开展相应的德育教育活动，进一步完善"先锋小学文明班评比评分制度"，年终依量化考核评选先进班级。

第二，完善学生评价机制。结合"广州市学生成长记录册"，做到定性评价与定量评价相结合、过程性评价与终结性评价相结合，通过自评、互评、师评、校评、家长评、社会评等多元化方式，落实每周一星评比、每学年的繁星计划——个性发展奖，鼓励先锋学子全面发展。

（二）构建发展性的德育评价体系

发展性的德育评价不仅要关注学生的现实表现，更要重视学生的未来发展，重视每个学生在自身已有水平上的发展。发展性德育评价是一种从评价"过去"和"现在"，转向评价"将来"和"发展"的新理念。在评价过程中，要对学生过去和现在做全面分析，根据学生过去的基础和现实的表现，预测性地揭示未来发展的目标，激励他们通过发展，缩小与未来目标的差距。通过给学生创设弹性化、人性化的发展空间，促进学生自觉主动地发展。

表4-2是德育评价体系中的"先锋少年"评价量表内容。

表 4-2　"先锋少年"评价量表

评价类别	评价指标	评价内容
人文德育	生活能力	学会独立，生活自理，能适应集体生活
	个人素养	具有爱国、法纪、责任、环保、自尊、自信等意识
	团队意识	有集体荣誉感，团结同学，关心集体
	交往能力	善于与教师、家长、同学交流沟通
	文明礼貌	尊敬师长，友爱同学，举止文明
生活德育	勇于担责	明辨是非，自律自治，敢于担当责任
	创新能力	不拘于现状，敢于创造，争取突破
	动手能力	学会观察，积极动手制作，发挥特长
	思维能力	用理性的思维考虑问题、解决问题
	服务意识	具有服务他人、服务集体、服务社会的意识
风雅德育	审美能力	学会欣赏，具有较高的文化艺术修养
	组织能力	能合理组织、策划活动，有领导才能
	表现能力	学会表现自己，展示自己的各种才艺
	心理素养	不怯场，大方得体地面对各种挑战
	合作意识	相互合作，取长补短，发挥最佳效果
幸福德育	个性发展	培养兴趣、爱好，发展个性特长
	心态阳光	心情开朗、心胸开阔、传递正能量
	意志坚强	勇于面对生活中的困难和挫折
	努力进取	人生有目标，学习有动力，生活有规划
	幸福指数	活动快乐，学习快乐，生活快乐

五、先锋文化德育的行动总结

文化德育行动研究，以践行社会主义核心价值观为主线，以培养先锋学子的核心素养作为工作重点，传承学校优秀文化，竭力打造先锋德育品牌，提升学校品质。通过整合德育资源，开展丰富多彩的活动以达到健全学生的品格，培养学生的能力，促进学生阳光、健康地成长的目的。

（一）重视队伍建设，强基固本提素质

1. 加强党建引领，强化行政班子建设

抓好党风廉政建设，落实"两学一做"和"三会一课"制度，扎实开展"不忘初心、牢记使命"等主题教育。通过具体的学习教育、调查研究、检视问题、整改落实四大措施，弘扬教育"创强""创先"精神，使党员干部提高认识，自觉践行党的宗旨，把群众观点和群众路线深深植根于思想中，并具体落实到行动上，突出党员干部的示范带头作用。

2. 深化师德师风建设，营造先锋教师风范

每学期常规化开展师德专项教育。结合纪律教育月和师德师风建设专题活动，组织广大教职工学习《中华人民共和国教育法》《中华人民共和国教师法》《中小学教师违反职业道德行为处理办法》等法律法规，坚持社会主义核心价值观，提高教师的思想认识，强化教师潜心育人、为师为范、依法执教的意识。通过开展先进教师评比活动、新教师入职培训、建立教师师德档案等行动，建设一支廉洁自律、师德高尚的教师队伍。

3. 加强教师专项培训，提高整体育人水平

要求教师利用业务学习时间和班主任培训时间，深入学习各级教育工作会议的精神和有关文件，提高教师立德树人的意识。加强道德与法治学科的教研，学期初各年段开展教材培训和研讨，进行常态教研课交流，加强对统编教材的研究及对相关资源的学习。每学期分梯队组织德育干部参加区、市组织的德育干部及少先队辅导员培训，提高德育干部的管理水平；组织级长、青年班主任参加骨干班主任、青年班主任培训，以点带面，促进教师专业成长。

（二）丰富教育活动，塑造卓尔不群先锋人

1. 加强学生礼仪教育，培养文明素养

第一，以贯彻落实《中小学生守则》《小学生行为规范》《先锋小学学生一日常规》《先锋小学班务管理制度》为重点，以遵纪守法和创文明城市为内容，开展"文明礼仪伴我行"教育实践活动，倡导从小养成道德好习惯，在教育实践中体验和培养学生的文明素养，树文明新风尚。

第二，实施分级自主管理，有效评价。发挥"文明小使者、健康小卫士、安全小卫士"学生管理队伍的作用，加强学生常规管理，全面推进班务全员化管理，培养学生的小主人精神。定期开展"美德少年""文明之星"等评比，学习身边榜样典型事迹，进一步提升自身修养。

第三，加强班级文化提升，开展班级美化、净化活动，发挥环境育人作用，继续开展评选"年度感动校园十大先锋人物评选"活动，发挥《现代中小学生报》小记者站的文化导向作用，强化校园的文化氛围，促进学生和谐化发展。

2. 深度开展德育实践活动，培养学生健全人格

在日常教育教学活动中，将社会主义核心价值观融入教育教学全过程。例如，开学初组织上好"书记思政第一课"，对学生进行"祖国强大，我自强"的爱国主义教育；把中国梦主题活动和行为规范教育进行有机融合，组织开展"中国梦·我的梦"系列主题活动，"践行环保，走进大自然"社会实践活动，"反校园欺凌""禁烟、禁毒、守法"系列法制教育，校园垃圾分类等系列活动；结合重大节日，如重阳节、教师节等开展感恩德育实践活动，利用清明节、"六一"儿童节、"七一"建党节、"十一"国庆节等重要时间节点，开展网上祭英烈、学习雷锋、童心向党、向国旗敬礼等主题实践活动，不断提高学生的思想道德水平。

3. 三位一体，形成育人强大合力

加强学校、家庭、社会的联系，充分发挥法制副校长和法律顾问的作用，形成教育合力，共同抓好德育工作，有效提高德育教育的效果。成立新一届班级、年级、校级家委会，规范家委会的管理。通过家长委

员会、家校通、致家长的一封信、家教讲座等形式对家庭教育进行指导，宣传教育的新理念、新方法，提高家长的家教水平，努力创建优秀家长学校。邀请家长参与学校组织的各项家庭教育指导活动等系列主题活动。同时，班级家委组织慰问特困儿童，到番禺区星海公园等地方参加社会实践及爱心义卖活动。通过家校合作形成教育合力，使学校教育、家庭教育有机结合起来，为学生提供良好的家校共育环境。

（三）美化校园环境，建设安全校园

学校一向重视环境育人的价值。"先锋堂"、先锋轮滑主题园、"三堂凤舞"雕像……一廊一柱，一花一草，别具匠心，阐述着学校"学先锋、当先锋"的教育理念。在先锋校园里，学生们聆听着先锋故事，浸润着锋从砺出、敢为人先的精神气质。此外，为营造舒适、安全、文明的校园环境，学校将安全工作列入重要议事日程，每月开展一次安全工作自查自纠，每季度召开安全工作专题会议，深化安全管理制度、安全意外事故处置预案制度等，真真正正为学生提供了一个安全、稳定的学习环境。

（四）优化特色课程，擦亮先锋德育品牌

近年来，学校以创建"先锋教育"特色学校为契机，全面践行"上品教化"升级版，重点完善了先锋德育课程体系，形成了先锋教育特色下的德育课程体系，打造出一批德育文化精品活动，初步形成了先锋文化德育品牌活动课程。

先锋轮滑教育品牌项目：逐渐成为区域内的轮滑先锋，并开发了轮滑教育校本教材，轮滑教育实现普及率100%。近三年，获省级以上奖项140余项，践行着"以冠军引领冠军，以冠军培育冠军，以冠军阐释冠军"的理念。冠军精神教育成为先锋文化德育的重要内容。

先锋理财特色项目：进行了跨学科整合研究实施教育，形成了具有先锋教育特色的金融理财教育，从知识教学和实践活动两大方面实施财商课程。学校于2016年成为"广州市第二批金融理财知识教学试点学校"。

书香先锋特色项目：以"学先贤、学先进文化"为抓手，在书香环境、书香活动等方面大力建设书香校园，打造了"先锋诵读"特色文化，并成为区域内的一张名片。

（五）打造研究共同体，不断提升促发展

在番禺区文化德育理念指导下，学校与东沙小学结成文化德育研究共同体，开展"文化德育活动课程化"实践研究，以提升德育内涵，提高教育品位，全面践行立德树人。

1. 行政推动，构建研究共同体

一方面，做好制度保障。两校结成联盟，成立专项工作组，各司其职，协同推进。利用结对学校见面会，多向对话互动，实地考察调研，了解彼此学校的发展现状。以学科课程育人的研究为主要途径，通过两校的交流、探讨，制订符合两校实际的、切实可行的结对帮扶目标，共同研究制订了《先锋小学—东沙小学结对文化德育研究共同体工作计划》《先锋小学—东沙小学结对文化德育研究共同体实施方案》。另一方面，做好经费保障。学校为保障结对工作的顺利开展提供专项经费，用于相关研究活动。

2. 加强校际互动，全面推进结对工作效能

通过开展"三课"系列教研、学习讲座、专题研究、互动交流等活动，搭建教师学习交流的平台，促进两校共同发展。

一是课例研讨。一直以来，学校致力于立德树人视域下的学科渗透德育的研究，任课教师积极进行了课堂教学探索和实践。例如，经两校教师的共同研讨打磨，打造出高质量的课堂教学，林绿苗老师执教的"我们的学校不简单"、林佳璇老师执教的"炎黄子孙我骄傲"分别在番禺区文化德育成果展示现场会、文化德育实验学校班会课研讨活动中进行精彩的课例展示，得到番禺区同行的一致好评。

二是专题指导。共同优化文化德育上层设计，完善先锋小学、东沙小学的教育文化德育理念体系，打造教育文化、德育活动文化、课程文化，促进两校内涵发展。蔡汉棠校长、林绿苗老师多次到东沙小学指导课题

研究及少先队工作建设。

三是交流互动。学校立足先锋教育特色，举办了番禺区第四期文化德育成果展示现场会、"文化德育引领下的学科课堂新样态"线上教研活动，邀请番禺区北片德育主任徐高岭到校开展班主任专题培训等。在先锋教育文化的背景下，学校以鲜明的先锋文化德育特色带领东沙小学推进文化德育特色化。为使结对工作更具实效性，东沙小学德育主任侯紫茵更是到先锋小学进行了为期一年的交流学习。

对结对学校实施优质资源输出服务，共同教研、共同科研、共同培训、共同发展，两校实现了教育理念共享、教育资源共享、管理制度共享和发展成果共享，形成了文化德育的研究共同体，促进了两校的共同发展。

六、先锋文化德育的德育成效

经过师生的努力奋进，构建文化德育共同体在促进学生核心素养发展、教师专业发展、教育高质量发展等方面发挥了重要作用。学校初步形成了先锋教育文化德育课程体系，建立了先锋教育文化德育实践的大框架，完成了先锋小学文化德育的总布局，优化了文化德育诗意校园，完善了文化德育环境课程文化、管理文化。

近年来，学校教育教学质量进一步提升。学校先后荣获全国冰雪运动特色学校、广东省依法治校示范校、广东青少年科技七巧板创意制作竞赛活动优秀组织单位、广州市安全文明学校、广州市轮滑传统项目学校、广州市金融理财知识教学试点学校、广州市青少年科技教育特色项目（发明创造）学校、广州市红旗大队、番禺区文化德育实验学校等荣誉称号。师生竞赛获奖方面，2019年9月，先锋小学轮滑队参加中国中学生轮滑锦标赛暨全国小学生轮滑训练营，获全国小学组团体部分第一名，先锋轮滑文化扬威全国。2020年1月4—5日，先锋小学啦啦操队参加中国（广州）少儿啦啦操精英赛，荣获幼儿混合组花球规定动作项目冠军，并同时获得CCA国际啦啦操赛事的派遣函，可以代表中国参加世界啦啦操锦标赛。先锋文化德育的德育成效熠熠生辉，助推了师生的素质发展，使学校管理水平、教育教学水平更上一个台阶。

先锋小链接

做有根的文化德育①
—— 番禺区文化德育成果展示现场会主旨发言稿

今天我们回到原点，探讨文化德育的两个老问题：一是"什么文化"，二是"如何育德"。探讨的价值取向是：引起大家进一步深入思考，力求形成一些能复制、可推广的经验。

有一天，我看了纪录片《舌尖上的中国》主创者的一篇文章《有根的食物才有生命》。我认为教育同理，有根的教育才有生命力。究竟什么样的文化在学校的现实教育中才有生命力？什么样的文化德育才有生命力？只有有根的优秀文化，才能有生命力。学校德育的文化之根在哪？在孩子的经验里，在孩子的生活区域中，在孩子所言、所行、所听、所闻、所思、所想中；在学校百年的办学历史里，在这个学区祖父辈的文化传承中，在教师教风传统的文化中，在弥久的校风文化中；在家风里、在社区里……只有扎根在与孩子相关的优秀德性文化起点上，我们的文化德育才有扎实的迁移点，我们的文化德育才能立得住脚、扎得下根，才有生命力。

文化德育如何实施？当然要抓住"课程"这一主渠道。实施文化德育的主渠道首先是国家课程，其次是地方课程与校本课程，这是毋庸置疑的。文化德育的实施一定是在三级课程的课堂教学中实施，体现文化育人、活动育人、实践育人、课程育人、协同育人、管理育人。扎实三级课程的文化教学与德育渗透，是我们研究的主方向与切入口。

今天，市桥先锋小学交流的主题是"课程融合育先锋"，提出以三级课程融合实施文化德育影响，培育社会主义事业接班人的教育目的。在教学中有一个常识，无论是国家课程还是地方课程，教师都必须进行课程的"二次开发"，即进行校本化，而非照本宣科、千篇一律。在校

---

① 该发言稿为笔者所撰。

本化中，师生共同努力寻求优秀文化的校本之根，将它融入师生的生活经验之中，文化德育才有可生长的根源，才能生生不息，活学致用，我们的文化德育才能鲜活有效、百花齐放。

我们今天所做的不一定是最好的，但一定是对后来者具有重要价值的。我们是市桥先锋小学，秉承"逢山开路，遇水搭桥"的先锋行者精神。感谢各位的聆听，期待得到你们的指导。

第二节　活学致用，回归本真

导言

　　"生活含有教育的意义"，应当回归教育原点，追问教育本真。先锋小学主张活学致用的生活教育——"生生不息，活学致用"，并实施生活教育的校本行动。

　　传承百年先锋的发展，必须坚守教育规律。笔者躬耕教育，努力寻觅教育本真，力求窥得一斑。当下各流派的教育思想涌现，各有所长，也各有所短。结合学校的现实情况，以一种科学的教育理念统领学校教育，更有利于形成学校教育理念共识，更有利于形成教育协同，更有利于教育效能的提升。

一、生活教育的教育需求

　　我们正处在生活方式、思维方式不断更新的时代，"互联网＋""创客一代"等新生事物正蓬勃发展，这就要求每个社会成员具有与时俱进的思想意识、思维方式和生活方式，自觉地参与社会的民主政治生活、市场经济生活和多彩的文化生活，从小关注生活、体验生活，做生活的主人。因此，关注学生生活，对学生充满人文关怀，赋予教育以生命意义，是时代和基础教育发展对人提出的必然要求。

　　然而，审视现实，我们发现在当下的教育体系中，课程体系、课程内容、课堂教学等，割裂了科学世界与生活世界，脱离了学生生活世界本身，以致令人与自然、人与人之间的关系出现了危机，生活世界里那种"生动的主观"逐渐被掩盖，人的主体性逐渐被忽视。具体表现在以下几点：

　　一是教育培养目标与学生生活世界分离。在应试教育的长期影响下，教师与家长对学生关心得更多的是分数。从 20 世纪 90 年代以来，我们在制定素质教育目标的过程中，不知不觉陷入了一个误区：构筑了一个又一个崇高而又完美的素质目标体系，把基础教育变成"造神"的教育，却忽视了基础教育的"基础"目标——为了生活。

二是课程设计与学生生活世界分离。课程设计遵从一统天下的主流文化价值观念，为学生预设了一个标准化、理性化的生活图式，使学生难以真正成为现实生活的主体，令课程与生活世界分离。

三是课堂教学与学生生活世界分离。课堂教学远离生活而沦为一种训练活动。课堂上，重书本世界、科学世界，缺乏与生活情景的动态融合，导致学生成为分数的"奴隶"；重"教堂式"的班级组织，缺乏宽松的生活空间和交往空间，导致学生对学习的被动接受；重知识训练，缺乏对知识的内在理解、体验和感悟，导致学生对知识的学习片面化、机械化。

四是教育生活与学生生活世界分离。学校生活与家庭生活、社区生活的分离，导致学生物质空间与精神空间的狭小，使学校不能成为学生的精神乐园。

五是德育与学生生活世界分离。德育的理性化、政治化，使德育丧失了生活意义和生活价值。德育脱离了学生生活现实情景，而沦为灌输与说教，不能把学生培养成为道德生活的主体，难以完成独立人格的自我建构。

为了寻找现代人已经失落的精神家园，从教育理念到教育教学活动，都必须重返生活世界。因此，关注学生的教育生活，密切学生与社区的联系，赋予教育生命意义和价值，遵循"关于生活、依据生活、为了生活"，是当下基础教育改革的根本要求。

二、生活教育的理论依据

早在 20 世纪，教育学界便有"教育回归生活"的呼声，以美国的约翰·杜威（John Dewey）、我国的陶行知为代表的教育家，都主张教育同实际生活相联系，注重培养儿童的创造力和独立工作能力。

（一）约翰·杜威的教育理念[①]

1. 教育即生活

约翰·杜威提出："教育即生活""教育即生长""教育即经验改造"。他认为："儿童在参加生活中使经验的数量扩充和用经验指导生活的能力增强，也就受到圆满教育了。"在他看来，生活和经验是教育的灵魂，离开生活和经验就没有生长，也就没有教育了。杜威把"教育即生活"的要义归于"适应"，并在论及"养成习惯"中提及："教育的真谛不但是使新生一代适应当前的环境，还要养成他们继续不停地适应那向着未来而迅速发展的广大世界和日新月异的民主社会。"教育"使人们由生活、生长、经验改造中获得知识、能力、思想、感情，恰是帮助人们审度时势之需而巧于适应那种永在前进的社会，从而成为革新的先驱者"。

杜威的"教育即生活"认为，教育的唯一目的是在教育过程之中，而不是在教育过程之外，主张抓住现实，不要强调"遥远的未来"。抓住一个一个具体的行动，达到一个一个具体的目标，以应付眼前的事变，这就是目的。

2. 以解决问题为核心的能力体系培养为主的实用主义教育思想

杜威还提出了"经验的、形而下的自我实现理论"。"生活"和"经验"成为杜威实用主义教育哲学中的核心概念，认为"人成为生活世界的中心""人的地位提高了，人的风险与责任也随之增加了，因为他被永远地推上了并无保障的、矛盾丛生的、永无止境的生命之旅。人将运用自己的智慧去探究、去试验、去成功、去失败，经历痛苦，也将获得快乐"。

杜威的实用主义哲学植根于英国生物学家达尔文的进化论之上，它的核心是"适应"。因此，实用主义教育思想也应具有与时俱进的内涵，培养符合时代要求，以适应不断更新的生活所需，与社会发展需要同步，追求不断进步的教育哲学思想。

[①] 约翰·杜威. 民主主义与教育［M］. 王承绪，译. 北京：人民教育出版社，2001.

3. 儿童中心论

杜威认为，"儿童是教育的出发点，社会是教育的归宿点，正像两点之间形成一条直线一般，在教育出发点的儿童和教育归宿点的社会之间，形成了教育历程"。以"儿童中心"取代"教师中心""教材中心"引起的改变是重心转移，"在这里，儿童变成了太阳，教育的一切措施要围绕他们而组织起来"。当教师成为儿童生活、生长和经验改造的启发者和引导者，就能够改变压制儿童自由和阻碍儿童发展的传统教育。

杜威的"教育即生活"，强调了教育的生活内涵，关注到教育与社会的关系，提出了教育的生活意义，倡导人要过教育生活。"教育即生长"，体现出教育的可持续发展，追求"活"的教育、生生不息的教育。民主主义理想凸现了鲜明的教育情怀，体现出教育对人的无限关怀、对社会的无限责任。实用主义思想探讨"如何实操"，让理念走下"神坛"，使教育走向实用；追求生活中的经验改造，使知识走向致用。"儿童为中心"，重视受教育者的主体地位，重视用教育学、心理学去研究孩子，确立了教育回归"人的教育"。

（二）陶行知的教育思想①②

1. 生活即教育

陶行知认为："生活含有教育的意义""教育以生活为中心""生活决定教育，教育改造生活"。他说："生活教育的要求是：整个的生活要有整个的教育。"他将"整个生活的教育"归结为"全面教育"，即"心、脑、手并用"。他指出：到处是生活，即到处是教育。生活教育"是供给人生需要的教育，不是作假的教育。人生需要什么，我们就教什么。……是那样的生活，就是那样的教育"。生活教育的目的就是"促进自觉性之启发，创造力之培养，教育之普及，生活之提高"。陶行知给我们的教育指出了生活教育的方法：用生活来教育，在生活中教育，为了更好地生活而教育。

---

① 陶行知. 陶行知文集 [M]. 南京：江苏教育出版社，2008.
② 方明. 陶行知教育名篇 [M]. 北京：教育科学出版社，2005.

2．社会即学校

从社会角度看，"社会含有学校的意味，把整个的社会或整个的乡村当作学校"。从学校角度看，"学校含有社会的意味，学校要了解社会的需求，与社会生活实际紧密结合起来，为社会改造和发展服务"。从社会与学校的关系看，运用社会的力量，使学校进步；动员学校的力量，帮助社会进步。

3．教学做合一

陶行知认为，"教、学、做是一件事""教的方法根据学的方法，学的方法根据做的方法。事怎样做便怎样学，怎样学便怎样教。教与学都以做为中心"。陶行知所说的"做"，是"劳心"与"劳力"的合一，"行是知之始，知是行之成"。陶行知强调教育的生活意义，揭示了教育与生活同值的内涵：其一，有生活即有教育，生活含有教育的意义；其二，教育必须作用于生活，教育就是生活的改造；其三，生活是教育的中心，生活决定教育，生活教育是给生活以教育，用生活来教育，为生活向前向上的需要而教育，教育要通过生活才能发出力量而成为真正的教育。陶行知强调生活的教育意义和教育的生活意义。

三、生活教育的校本阐述

基于对学校德育工作的观察分析和对生活教育的理论研究，学校对生活教育进行了新的诠释，实施生活教育的校本行动。

（一）从生活的角度追问教育的本质

人是教育的第一要素。人的终极目的是追求人生的幸福，即人存在的生命、生活的状态。与人的生命和生活相关联的实践活动，始终从以下三个方面关心人的存在形态和生活方式：第一，人对自我生命与生活的不断反思和觉悟，是人对自己一生理性与感性的把握；第二，由此派生出的人生理想和追求，包括人的生活观、价值观、审美观、道德观等；第三，由这些观念引导出的各种人生现实的活动，即人生的过程、生活方式和生存形态等。教育在其中如何发挥正能量？答案是以生活为中心展开教育。可以说，生活即教育、教育即生活。

从人生和生活的角度看，教育作为培养人的活动，其基本出发点是人，是人的个性化和社会化的发展过程。因而可以说，教育就是构建人的一种生活方式的活动，是沟通人的现实生活与可能生活的一个桥梁。在目的上，教育的终极目的是把人培养成为个体生活的主体、社会生活的主体，即让人成为能够主宰自我并对外在世界发挥主观能动性的"人"。教育的价值在根本上是通过人的生命价值实现而体现的。在这个过程中，教育是一个文化的过程、人化的过程，是人对自然事物、社会事务，对人自身的认知、理解、体验和感悟的过程。教育作为一种文化化人的活动，强调的是教育对人类文化的传承功能，但仅进行文化的传承就不是教育。教育的核心在于使人人化，即让人的生命具有人的地位、人生的意义，让人像人一样生活，并谋求人生的幸福。生活教育返回本真的生活世界，把人置于他实际生存的世界之中，去体验、反省、批判、创造，如此一来，人的主体地位才得以体现，人才能找到自己的位置，人才可能建构起可能生活的图式，这由教育的本质所规定。

从人的生活的角度看，教育在本质上就是一种唤醒人的生命意识、启迪人的精神世界、建构人的生活方式（包括精神的和物质的），以实现人的生命价值的活动，"教育是属于人之为人"的活动。其基本活动特征是唤醒与引出、理解与体验、交往与感悟、创造与建构。从此意义上说，教育问题的核心就是人的问题，而在教育中人的问题实质就是关于人如何存在、如何生活、如何去探究和建构人的生活的问题。因此，教育的魂在于对人的关注，融入人的生存、生长、生活和发展过程。

我们可以把教育理解为：使人文化和人化，确立人的独立地位和主体地位的活动；使人的自我意识不断觉醒，反思自我的存在及所生存的社会，从而批判地建构自我、建构自己理想的社会图式的活动；使人能动地处理他所生存的"生活世界"的活动；直接参加儿童对个体生活和社会生活的建构，融入儿童的生长和生活过程的活动。基于此，我们可以把生活教育理解为：是"生活的教育""教育的生活"；是"人的教育"，是全人的教育，是民主主义教育；是以人的天性本能为基础，以人的主体能动性为驱动力，以人与自然、人与社会、人与自我为内容，追问物质世界的存在与精神世界的永恒，觅求生命的真、善、美的过程；

是教师与学生向生活学习、在生活中学习，为了更好地生活而学习，来学习生活、改造生活。

（二）生生不息：生活教育理念的哲思

1. 生生不息是对生活教育的哲学思辨

《周易·系辞》有言："生生之谓易。"孔颖达解释道："生生，不绝之辞。阴阳变转，后生次于前生，是万物恒生，谓之'易'也。"[①]"生生"，万物繁衍不息，生长不已，新事物不断发生，这就是易。生生，是阴阳相济。

教与学的辩证统一，怎么学就怎么教，教即是再学，生生互教、生生互学，学生向教师学，教师向学生学，教学相济、教学相长。行是知的辩证统一，行是知之始，知是行之成，知识重亲知，行知合一。直接经验与间接经验互济，重视直接经验，并非否定间接经验，直接经验是间接经验的基础。就小学生的年龄阶段特点，直接经验的缺乏容易令间接经验成为"无根之木""纸上谈兵"，重视直接经验是小学生生动学习的要求。教育与生活的交融，"教育即生活""生活即教育"，是在生活中教育，用生活教育，是为了更好地生活而进行教育，引导师生过更完善的教育生活。科学世界与生活世界相济，在生活中探究科学知识、运用科学知识、拓展科学世界，在科学世界中融入生活情境、解决生活问题，把科学知识变成生活的知识，把生活变成理性的生活。生生相济，是生活哲学方法论。

2. 生生不息是一种生态教育观

杜威认为："教育即生长。"这里说的"生长"，在于知识生长、能力生长、方法生长、情感与态度生长，更在于智慧生长、身心健康生长。生生不息，是生命意识的体现，重视生命（人的教育），注重生生不息的运动、发展、变化，因此，对一切具有旺盛生命力的事物，都应给予热情的赞美和充分的肯定（教育价值观）。学校教育，是师生生命的片段，应是充满激情与阳光的生命历程，体现出对生命的尊重。生

---

① 孔颖达. 周易正义 [M] // 阮元. 十三经注疏 附校勘记上. 北京：中华书局，1979.

生不息，是对生命的人文关怀（天人合一的思想），"与天地合其德，与日月合其明，与四时合其序"[1]，是中国传统文化的日常伦理。即教育要遵守常识，遵守教育规律，遵守学生天性特点，顺势而为，"不愤不启"。教育生长之道，在于合乎人的天性、教育的规律。生生不息，是以人的真、善、美生长不息为中心，以生活为中心，是追求学生主体意识的觉醒，是追求学生不停息的生成、生长，是生命不息、生长不息、生活不息。生生不息的教育，是充满活力、充满激情、充满希望、充满智慧的教育。生生不息更是强调绿色教育生态的保护，保护好学生的学习再生能力，如保护学习兴趣、培养学习习惯、锻炼学习意志、完善学习方法、发展学习天性。生生不息也是一种绿色文化，如在黑龙江的查干湖上，渔民对捕鱼老把式千年规矩的传承：大眼渔网，资源不息，人与自然的和谐共处，才能达至"不息"。现代工业文明时代，"生生不息"是一种绿色循环的思想，人与自然的平等——师生关系的平等——人人平等。生生不息是对绿色教育的追求，即保护、培养、激发学生热爱学习的意识、热爱学习的习惯（最终达到终生热爱学习）。

3. 生生不息是生活教育对教育最朴素、最形象的教育愿景

"教是为了不教"[2]，是生本理念的生动描述。这一教育愿景是追求学生主体意识的觉醒，是追求学生不停息的生成、生长。简而言之，教育追求学生越学越会学，越学越爱学；教师越教越好教、越教越不用教。在追求素质教育的今天，生生不息是学生自我发展的动力源泉，在于引导学生自己求得知识，自己发现问题、解决问题，形成知识学习与主体发展的统一。

4. 生生不息是生活教育的诗意追求

生生不息的教育，追求的是真实教育的灵动，充满了智慧与激情。生生不息的教育是分享，师生把自己最喜欢的东西（经历），以自己的情感方式，热情地共同分享，充满了生活气息。

---

[1] 出自《周易·文言传·乾文言》。

[2] 著名教育家叶圣陶的教育思想，最早出自他在 1962 年撰写的《阅读是写作的基础》一文："凡为教，目的在达到不需要教。"

（三）活学致用：生活教育的实现之道

活学致用是教育理想的实现之道，是一种实用主义的体现，是学与教的指引，是真教育的追求。

"活学"，首先是实学。所谓实学，用清初教育家颜习斋的话说就是"实习、实讲、实行、实用之学"[①]。陶行知曾说："千教万教，教人求真，千学万学，学做真人。"[②]"做中学"是不拘于形式、不拘于条框，勇于开拓、勇于创新，行知合一，达到活学活用、实学实用，学用相济。

"活学"，是向生活学习，是真学。"在生活中学，用生活来学，为了生活而学"，是生活的学习，是学习生活，把学到的东西应用到生活中。陶行知提出"向生活学习"，提倡用"活的人""活的东西"和"活的书籍"来实施"活的教育"。真学，源于生活，施于生活，即真听、真看、真读、真议、真想、真说、真做、真悟，即学真人、做真事、求真理，培养真才实学的人。"活学"，不但是学会，更是会学、善学、好学，是对学的目的、方法、过程的至高追求。真学是不刻板地学，不生搬硬套，是灵活地学、个性化地学，要学智慧、学创新，要"启而后发"，要学会解决问题。

"活学"，是以用为目的的学。陶行知认为，行知合一，学以致用。学的目的是用，怎么做就怎么学。"活学"要求实事求是、寻根究底、穷尽真理地学。

"致用"，强调活用、实用。应用时，反对生搬硬套，不死读书、不读死书，活学就得活用。用是为了生长，是为了改造我们的生活。用是真用，表里如一，行知如一；用是实用，追求实效，用真理、行真事、做真人。用也是一种学问，行而知之、行而悟之。

"致用"，强调学与用的关系，因用而学，学以应用，用中再学，学中再悟，边学边用，生生不息，循环不断，真学实用。明清思想家们提出"经世致用"，其中的"致用"内涵就是"学用结合"，强调要理

---

① 赵宗正. 清初经世致用思潮简论 [J]. 哲学研究，1983(6)：8.
② 方明. 陶行知教育名篇 [M]. 北京：教育科学出版社，2005.

论联系实际，脚踏实地，注重实效。用，不仅是学的延伸，更是再学的开始。行知不息，谓之道。因致用，故所学为对现实有用的东西，研究学问要和生活、社会实际相结合，不要空谈、空学，要实学实用、活学活用。

"生生不息"是大自然的规律。"活学致用"是真学实用、行知合一，如阴阳相济，以达"生生不息"，这是教育的根本。

四、生活教育的校本行动

生活教育的贯彻实施，需要学校探寻渠道付诸实际行动。学校的生活教育校本行动，主要从四个方面——生活核心素养体系、课程生活化、家校协同教育、生活德育模式入手。旨在通过构建以儿童为中心的生活核心素养体系，将生活教育课程生活化，辅之家校协同教育，构建新型的生活德育模式，以重构儿童的教育生活世界，让学生回归生活的本真。

（一）以儿童为中心，构建生活核心素养体系

1. 以社会主义核心价值观作为儿童生活核心素养的前提

社会主义核心价值观作为社会主义核心价值体系的高度凝练和集中表达，基于国家、社会、个人三个层面，具有重要的现实意义和深远的历史意义。儿童是国家的未来，是构建美好生活的主力，让儿童培育和践行社会主义核心价值观是必要之举。儿童生活要与社会主义核心价值观对接，首先要把社会主义核心价值观生活化，把儿童的生活世界作为社会主义核心价值观的生长土壤。

2. 构建以儿童为中心的生活核心素养体系

在生活教育视野下的生活核心素养，可归纳为生活力的培养。学校依据联合国教科文组织提出的五大支柱学说（前文已述），以提升儿童生活力为愿景，构建"五大素养"支柱，形成生活核心素养体系。此"五大素养"彼此关联，同时涉及生命全程与各生活领域，具体如表4-3所示。

表 4-3　生活核心素养体系

一级素养	二级素养	三级素养	校本化培养
生活力	学会求知	学会学习	培养热爱学习的态度，探索适合自己的学习方法
		提升专注力	培养坚忍的意志以及专心、用心、细心的习惯
		提升记忆力	坚持背诵，学习科学的记忆方法
		提升思考力	培养阅读的习惯、思辨的习惯，提升探究的方法
	学会做事	职业技能	开展职业体验活动，进行职业生涯启蒙教育
		社会行为	以"社区大学堂"等形式，使儿童融入社区生活
		团队合作	以社团活动、少先队组织建设、小组探究学习等培养儿童团队合作能力
		创新进取	以智慧课堂、科技节、创意节等培养儿童创新意识、创新思维、创新能力
		冒险精神	融合本校传统文化——先锋精神，培养儿童敢为人先的特质
	学会共同生活	认识自己	激发儿童自我意识的觉醒，正确理解他人与自我的关系
		认识他人	融合学科教学，培养儿童"心中有他人"的意识，正确理解、处理"人与他人、人与自然、人与社区"的关系，从小参加义工活动
		同理心	关注他人、他事、他物，培养爱心、感恩心
		实现共同目标的能力	学会形成共识，学会合作争先，学会项目管理
	学会生存	促进自我实现	树立自信、自强精神，培养自理、自律能力，启蒙理想教育
		丰富人格特质	通过"体艺2+1"等项目，倡导儿童个性发展

（续上表）

一级素养	二级素养	三级素养	校本化培养
生活力	学会生存	多样化表达	以"课前一分钟演讲""辩论比赛""口语交际课"等强化训练儿童口头表达能力
		责任承诺	以"家校文明生活合同""家校社区教育大学堂合同"等活动，培养儿童的契约意识；以"班务全员化管理""小先生制"等培养儿童的责任意识
	学会改变	接受改变	培养良好的对人对事的心理态度，培养与时俱进的先锋观念
		适应改变	保持乐观的人生态度，培养自我调整的心理调适能力、行为适应能力
		积极改变	引入积极心理学，培养儿童开拓创新、不断完善的行动力
		引导改变	培养卓越意识，激发敢为人先的先锋精神

（二）课程实施生活化，融合学科世界与日常生活世界

1. 学科课程生活化

把学科知识融入生活，不仅能够培养学生把学科知识应用到实际中解决问题的能力，同时也为学生营造了一个轻松、愉快的氛围，使学生在具体的问题情境中体验、探究，体会到知识源于生活，知识就在身边。生活化学科问题情境教学，是在课堂教学中，运用学生感兴趣的或熟悉的生活情境引出问题，沟通已有生活经验与学科经验，让学生在对生活整合的探究中学习理解课本知识，让学生能灵活运用已有生活经验与学科经验解决实际问题，以改造经验。这样一来，学生不仅掌握了学科知识，其学习兴趣、学习能力也能得到成长。

建构主义学习理论强调，学生的学习活动必须与问题相结合，以探索问题来引导和维持学生的兴趣和动机，让学生带着问题去思考、带着

问题去探究，使学生拥有学习的积极性。生活化学科问题情境教学基于建构主义学习理论及"源于生活、寓于生活，归于生活"原则，以生活为中心，从生活问题情境出发，通过形式多样的探究活动，以生活中的过程与方法，获取"活"的知识与技能、生长情感与态度。以生活为师，运用书本知识解决日常生活中的问题，很好地沟通科学世界与日常生活世界。

首先，生活化学科问题情境教学，能有效地激发学生的学习兴趣。将生活元素融入学科教学之中，学生如亲临其境，经历知识之始终，有利于学生理解知识，从而更积极、主动地去体验探究，更积极地思考、实践、创新，并获得更大的身心愉悦，感受科学知识世界的奥妙，进而让学生更好地走进生活、融入社会，以达文化化人、生活育人的目的。

其次，生活化学科问题情境教学，有利于培养学生实际解决问题的能力。当下我国逐渐进入后工业时代，培养大量能解决问题的人才是教育的当务之急。在教学中，学生面对各方面的具体问题和情境，结合生活经验与学科知识，拓展生活视野，探究解决问题的策略与方法，提高解决问题的素养与能力。

2. 地方课程社区化

地方课程具有三个基本特征：基于地域、基于活动、基于课程，要重点对地域特征展开研究。故实施地方课程社区化，把地方课程融入社区生活。从课程主题出发，以学生为主体，把学校的地方课程设置与社区、文化活动等资源配置整合，形成地方课程与社区生活相融合的教育活动。这一模式突出了学生的主体地位，把课程融合到现实的生活情境中，令学生获得真实体现，突破了课堂教学的时空限制，体现"生活即课程"。例如，针对粤曲传承地方课程，学校附近有文化宫、影剧院、青少年宫、公园等社区设施，这些都是地方课程教学的背景与教学资源。学生从小就沉浸在粤曲的传统文化氛围之中，耳濡目染，有了足够的生活经验。为此，学校组织学生定期进入文化宫的粤曲展厅；家长组织儿童到影剧院、公园"私伙局"[①]中观看粤曲演出；把推广粤曲的专业、

———————————

① 指以自愿组合为基础的业余民间曲艺社团，讲究自娱自乐。

业余演员请入课堂；在青少年宫里进行专业培训；在校内外搭建粤曲展示小舞台。通过多样化的手段，将地方课程与社区教育背景融为一体，使之成为"活"的课程，成为学生生活的一部分。

3. 活动课程生活化

杜威认为，儿童有四种本能，并相应表现为四种活动：语文与社交的本能和活动、制造的本能和活动、艺术的本能和活动、探究的本能和活动。学校的活动课程基于儿童的四种本能，确立以学生的活动为中心，以学生的直接经验作为课程内容，凸现活动课程的经验性、主体性、综合性、乡土性。例如，进行金融理财知识教学，立足于日常生活素养，融于学生日常生活之中，构建买卖双方，让学生进行角色体验，从而初步了解"供给""需求"的经济学概念，探究盈利的奥秘，践行诚信、友善、敬业等社会主义核心价值观。活动中，8～10位学生担任卖方，组建公司，并进行角色扮演，分别担任市场调查、采购、包装、宣传、制作DIY商品、定价、市场营销、形象设计、销售统计、财会等工作角色，模拟创业情景；而买方则进行"生活中如何购物"的教育。活动对道德与法治学科的相关内容，对数学的统计学、语文的口语交际等学科知识进行拓展、实践。又如，毕业班的"毕业季"系列活动课程，抓住关键时间，通过"写给自己10年后的一封信""职业体验日活动""校长毕业寄语""毕业照"等进行生涯教育、感恩教育。

活动课程生活化，让学生在模拟或真实的生活情境中，获得对现实世界的直接经验与真实体验，充分尊重学生的主体性，有利于发挥学生学习探究的主动性。以活动为载体，使学生通过亲身经历获得直接经验，有利于提升学生解决问题的能力。活动课程与学科课程的整合，促使直接经验与间接经验的相互补充、相互促进，有利于学生获得对世界的完整认识。

（三）家校协同教育，重构儿童的教育生活世界

经过10年的研究，学校形成了生活视野下的家校协同教育"144"模式——1个愿景、4个模块、4个评价维度，以重构儿童的生活世界。

1. 1个愿景：生活视野下的家校协同教育共同体

生活视野下的家校协同教育共同体是指学校教育生活与家庭教育生活的联合，二者优势整合、整体协同，形成同心同向的新生活教育系统，以发挥整体效应。

家校协同教育共同体的主要特征："三元整合""三元协同""三元共长"，"三元"指教师、家长、学生。"三元整合"，即充分发挥教师的专业优势，充分发挥家庭教育的情感优势，充分发挥学生的教育主体优势，形成优势整合、劣势互补，以各司其职、各尽其能、同心同向，发挥1+1+1＞3的整体效应。"三元协同"，即家校联合，在各司其职上"分工不分家"，实现教育的纵横沟通联系，以达到教育信息协同、教育理念协同、教育行动协同，形成家校教育同心同向、互动一体（如人的双手）。"三元共长"，即追求在家校联合之中，教人教己，教学相长，教师、家长、学生三者形成共生效应。

家校协同教育共同体突破了以往家庭教育与学校教育分离的状态，进一步改良了家校被动式、任务式的互动状态，形成整体布局、全员自动、全程培养、高度协同的常态教育体系，使学校教育生活与日常生活融合，以实现"家庭—学校—社区"三位一体的教育系统，重构了儿童的生活世界。

2. 4个模块：家校互联、家校互助、家校共建、家校共育

（1）家校互联。

家校协同教育的起端在于信息互联。"知之多则爱之切"，家校在不断的互联之中提升信任和信心，如亲人般的情感才有可能得以建立。家校教育要同步，首先要做到信息同步。通过家校互联，建立以学生教育为中心的"大数据"，达到家校教育信息共享。

一是基于"教师—家长"的互联。利用网络工具，坚持方便、快捷的原则，学校构建了班级QQ群、学校校讯通、微信群等网络平台，让教师与家长进行实时联系，为日常家校教育协同信息的快速沟通提供支持。

二是基于"学校—家庭"的互联。学校大力推进现代民主管理机制

的构建，建立校务监督委员会、家委会等机构，让政府代表、社区代表、家长代表、学生代表进入依法办学的监督层，共同指导学校办学。每学期坚持组织家长开放日活动，让家长深入了解学生的学校生活，以便于家长指导学校教育生活。不定期开展教师家访，让教师深入了解学生的家庭生活，具体问题具体分析，有效指导家庭教育生活。

三是基于"学校—社区"的沟通。学校通过建立网站、开办校报等方式，加强家校协同教育的宣讲，让学校教育与社区教育环境相融合。

家校互联，既是教育信息的共享，更是学校教育生活与家庭生活的沟通。

（2）家校互助。

家校互助即互通有无、互为支撑，如"双手共同托起明天的太阳"。家校互助是基于家校互联，把信息变为行动，让家校情感产生质的升温，让家校教育协同成为现实。所谓"一呼百应"，即在学校教育生活与家庭日常生活上实现互助共济。

一方面，家长行动。家长之于学校的援助，包括家长义教（如对学生的职业教育、充当社区"教师"等）、家长义工（如家校共育绿化带等）、家长"社区大学堂"行动、社区家庭主题俱乐部等。

另一方面，教师行动。教师履行家庭教育导师职责，每年一次入户家访，指导家庭教育建设，如"书香家庭"建设、"知心家长"指引、学生文明生活指引等。教师做好应急指导行动，如学生在校特殊情况的家校协同处置等。

家校互助的核心在于教师与家长、学生"共做一件事""寻找一些共同话题"，以寻找更多的共同点，形成协同的价值观，形成协同的契约精神。家校互助，是家校应有的社交式教育行动，在充满温情的互动式教育生活行动中，逐渐形成同心同向的制度生活与日常生活的协同。

（3）家校共建。

在互联、互助的家校社交式教育行动日渐成熟后，家校合作需要通过一些具体、稳定的教育行动平台来不断获取更多的共识与默契，以进一步提升家校协同教育的契约精神。家校共建使家校合作走向常态化。让家长适度地走进学校，参与学校制度生活的建设，体验、感悟学校制度生活，更有利于进一步优化学校教育生活与家庭教育生活。

一方面，共建"三元协同"教育平台。根据学校的教育理念，开办"致用学堂"。"致用学堂"包括教师专业培训致用课堂、家长学堂、学生的"活学致用课堂"，分别对教师、家长、学生进行家校协同教育，从理念到行动的教育培养。"致用学堂"推动了教师、家长、学生的校本研学，兼容了多元文化传播，让家庭教育生活与学校教育生活的协同拥有了更多的可能性。

另一方面，共建家校协同行动教育平台。一是基于家庭教育的协同平台，举办如"书香家庭""知心家长""阳光家庭"等活动。二是基于社区教育平台，开发与利用社区教育基地等。三是基于学校的教育协同平台，通过学校社团活动、家长特色课堂等达到家校协同目的。

（4）家校共育。

家校协同教育回归生活，全面整合家校合作，全面布局"家庭—学校—社区"三位一体教育生活，使教育实现全员、全程、全面。家校共育是互识互通、互援互助、共建共生的综合体现，形成同心同向、同喜同悲、共荣共辱的教育共同体，更能发挥共育共生的教育效能。

第一，共育校园教育文化。整合家长资源，组织以家长导师为主的社团活动、义工活动等。通过家长与教师身份互换体验，让家长身体力行体验教师工作，也让家长补充学校教育资源的不足，使家校教育生活真正融合，巩固家校教育生活共同体的内聚力。

第二，共育家庭教育生活文化。立足家庭教育优势，学校提供指导与协助，共育优秀家风传统。如由教师、家长、学生共签"家校协同健康生活共育合同""家校协同文明生活共育合同"等，引导形成良好的家庭教育文化，充分发挥家庭教育效能。

第三，共育社区生活教育文化。"家—校"联合、"家—家"联合，开展社区大学堂、社区社团活动等，让家长与学生走出学校，走向社区，走向生活，走向自觉、自主的亲子教育行动，使家校协同教育走向理想彼岸——家长、学生过真正的教育生活。

以上4个模块相互补充、相互促进，螺旋上升，形成家校教育协同。以"三元协同"共建家校教育共同体，在教育共同体的驱动下，"三元"

实现了从理念到行动的高度协同、学校教育生活与儿童日常生活的协同，让教师、家长、学生体验快乐教育生活，收获更优质的教育，同时赋予了教育无限可能，丰富了教育内涵，创新了教育文化。

3. 4个评价维度：学生层面、教师层面、家长层面、家校协同教育层面

家校协同教育生活的评价，是通过"以终为始"的方式，引领家校协同教育共同体不断自我完善，并发挥评估教育效能。

第一，学生层面。主要从"三个优化"中评价：生活中，主体意识与自我教育行动优化；知识运用与解决问题的能力优化；生活情感、态度与价值观优化。

第二，教师层面。主要从"三要"中评价：生活教育理念与教育力要提升、服务意识与服务态度要提高、教师专业素养与品行素养要促进。

第三，家长层面。主要从"三到位"中评价：生活教育素养与教育力提升要到位、家长公民素养提升与言传身教合一到位、家长的生活教育角色与教育作用到位。

第四，家校协同教育层面。主要从"三个优化"中评价：优化生活教育背景与焦点教育、优化学校生活教育资源与家庭教育资源的整合、优化学校生活教育与家庭生活教育协同文化。

（四）以行知为导向，构建生活德育模式

生活教育视野下的德育，是儿童在生活中对人与人、人与自然、人与社区之间关系的理解下的行为规范，是构成儿童生活的根本要素。道德，是生活中的道德，是人对生活的理解与行动表现。因此，构建生活德育模式需要遵循"依据生活、关于生活、为了生活"的基本原则，以行知为导向。

1. "小先生制"开拓德育新路径

在生活中树立儿童榜样。学校每个班级每周进行"先锋之星"（每周一星）评选活动，每周为各班树立一位"行知榜样"，并让其担当班级生活管理"小先生"。在"小先生"的榜样指引下，其他学生的言行有了真实、亲近的"活"标准，更容易受榜样影响，而"小先生"在教

别人的同时也规范了自己的言行。就班级管理而言，一学年基本每一位学生都当了一回"小先生"，给予每一位学生成长的机会。

2. "做中学"培养生活素养

关于儿童的生活自理能力的培养，学校通过开设各项家务专项微社团活动、专项校本课程（如蛋糕制作课程等）、每月"当一天家"活动等，引导学生在生活中通过"真做"来培养生活素养。

3. "社区即学校"增强生活体验

一是引导学生贴近生活时事。学校建立红领巾电视台，根据不同的主题，开设"今日关注""放大镜""回音壁"等专题节目，并每周组织全校学生收看"东方时空"等电视节目，鼓励学生关注校内外生活事件，在与教师、家长、同学的讨论中学习生活。学校还模拟"感动中国"节目，每年举办"感动校园十大先锋人物"评选活动，引导校园正能量。

二是组织职业体验日活动。每学期利用寒暑假，整合家长资源，学生以相同职业取向分组，到家长或家长联系的行业，体验"三天"职业生活，开展职业启蒙教育。

三是开展生活微社团活动。学生以生活专项为内容，以情趣相投、志同道合为标准组成短期社团，开展生活处理能力、生活才艺的学习探究。

四是举办社区生活体验日活动。每学期定期开展"社区大学堂"活动，如走进工厂、走进博物馆、走进创意园等，开展社区生活主题教育。通过课外拓展，实现真学实用，让课堂上的智慧火花，在课外生活中继续"燃烧"。

在生活教育校本行动的实践中，学校逐渐形成了"生生不息，活学致用"的生活教育校本化主张，解答教育"是什么、为什么、怎么做"的终极问题，重构了教育生活世界，统一了全体师生的教育共识，丰富了先锋教育的内涵。

先锋小链接 1

先锋小学科技节活动课程方案①

【活动展示时间】

第十二周。

【活动内容预设】

1. 写一篇科技创意作文

组织开展班级：三至六年级。

活动内容：各班班主任指导学生写一篇科技创意作文，第十一周周一上午放学前选取 5 篇优秀作品上交语文科科长。语文科科长组织语文教师评奖并填写奖状，按上交作品情况，以级为单位，按 20%、30% 和 50% 的比例评出一、二、三等奖。

布展要求：每级班主任负责选取优秀作品制作一块展板，于第十二周周二前完成。

2. 画一幅科幻绘画

组织开展班级：一至六年级。

活动内容：各班美术教师指导学生画一幅科幻作品（绘画作品以 4 开大小的纸张为宜，并将姓名、班级、作品名称用铅笔写在作品背后）。第十一周周一上午放学前，班主任协助收集 3 份优秀作品上交艺术科科长。艺术科科长组织艺术科教师进行评奖并填写奖状。按上交作品情况，以级为单位，按 20%、30% 和 50% 的比例评出一、二、三等奖。

布展要求：由艺术科科长组织艺术科教师负责选取优秀作品并制作两块展板，于第十二周周二前完成。

3. 制作一件发明创造作品或一件科技小制作

组织开展班级：一至六年级。

活动内容：各班班主任指导学生制作发明创造作品或科技小制作一件，第十一周周一上午放学前选取 5 份优秀作品上交科学科科长。科学科科长组织科学科教师进行评奖并填写奖状。按上交作品情况，以级为

---

① 此方案由先锋小学汤伟涛老师提供。

单位，按 20%、30% 和 50% 的比例评出一、二、三等奖。

布展要求：由科学科科长组织科学科教师负责选取优秀作品进行展示，在科技节当天早上完成。

4. 植物栽培

组织开展班级：一至二年级。

活动内容：班主任对学生进行植物栽培讲解，学生回家在家长协作下进行植物栽培观察，并作照片及文字记录，收集资料，制作展板。各班选取优秀的栽培植物参与评奖，由低年级级长组织副班主任，按上交作品情况，以级为单位，按 20%、30% 和 50% 的比例评出一、二、三等奖并填写奖状。

布展要求：由体育科科长组织体育科教师负责进行布展，在科技节当天早上完成。

5. 科技小实验

组织开展班级：三至六年级。

活动内容：由副班主任负责组织学生开展活动。每班选取一至两个项目，第十周周五前定好项目，并报中、高年级级长。于第十一周由科学科科长组织级长筛选确定项目。

布展要求：各副班主任负责制作展板，于第十二周周二前完成。

6. 电影展播

在阶梯室播放科技小电影。相应负责教师在第十一周周五前准备好电影资源。

【活动现场】

第十六届科技节活动现场见图 4-2。

图 4-2　先锋小学第十六届科技节活动现场

先锋小链接 2

第八届校园书香节活动报道①

"最是书香能致远"，为弘扬"广东省书香校园"的优良传统，建设书香浓郁的魅力先锋，培养领潮争先的先锋学子，近日，先锋小学举行了第八届校园书香节系列读书活动。

本届读书节以"阅读新时代领潮先锋人"为主题，本着"课内外相结合，以课堂带动课外，以课外为主"的原则，使班级活动、校级竞赛同步推进，覆盖面广，参与人数多。其中，班级层面将开展"书香班级评比""读书主题欣赏会""新时代主题式阅读""主题反思"等活动；校级竞赛包括"我是先锋朗读者""校园读书秀""书香展示台"等活动。本届读书节历时两个月，强调积极向上、清新高雅、健康文明的阅读追求，让学生真正享受阅读的快乐、学习的快乐、生活的快乐。

一、家校携手缔造小朗读者

作为广东省第一批书香校园，经典诵读一直以来就是学校的一大办学特色。本届书香节更是把琅琅书声作为经典诵读的亮点之一：师生均可自愿或以班级推荐的形式参与"我是先锋朗读者"十佳朗读者评选，通过学校红领巾广播站展示，优胜者可参加书香节闭幕式展演；每天的午间及特色课，学生在教师的带领下进行经典诵读，同学们在诵读中感受中华文字的魅力；学校还把经典诵读向家庭、校外延伸，亲子诵读活动让家长成为经典诵读有力的支持者、参与者，"阅读之星""书香家庭"的评比就是对热爱阅读同学和家庭的大力肯定。

在活动的过程中，我们不仅看到了班级共同诵读、同学自由组合诵读、教师与学生合作诵读、父母与孩子一起诵读等多样的诵读形式，看到了每一个班级、每一个家庭充满浓郁的书香，还看到了学生因朗读而变得更加自信、更加优秀。

二、开馆借阅，共品书香书韵

为使图书馆尽快向学生开放，向学生提供阅读平台，共品书香书韵，

---

① 此报道由先锋小学张丽娟老师提供。

暑假期间，学校对新进的图书，采用科学的方法进行分类、编目与整理，为每本书登记建卡，为每位教师、学生办理借阅卡，做好图书和资料的出借工作。开学伊始，学校招募小小图书管理员，协助教师整理书籍，维护借阅秩序。另外，学校在各楼层开设"主题书吧"，如经典书吧、科技书吧等，为学生的课间阅读提供了便利、快捷的渠道。

三、捐献书籍共享人类智慧

"赠人玫瑰，手有余香；捐献书籍，共享智慧。"这是学校爱心赠书卡上的温馨话语。为了有效利用书本资源，丰富图书馆书籍收藏量，传递知识与爱心，学校于 2019 年10月起举办"传递书香·情满先锋"图书捐赠活动。同学们积极响应活动号召，纷纷奉献了自己的爱心，捐出了各类图书；基于此，学校为所有捐书的同学发放了捐赠爱心卡。现在，各楼层"主题书吧"上满满是学生捐献的书籍，课间，在书吧四周，学生或坐或立，津津有味地享受着阅读的快乐。

班级图书角更是成为班上最温馨、舒适的一个活动场所，其灵活性和实用性深受学生的欢迎。读书角的图书一部分来源于学校的图书室，另一部分是学生的捐书、献书。各班不定期对图书进行筛选更新与补充，班级之间还会进行图书交换，使图书角的图书常看常新。教师和学生开动脑筋，精心设计，对图书角进行美化，"读小屋""墨香小筑""书香阁"等一个个响亮而又内涵丰富的名字，寄寓着学生对书籍的热爱。班级图书角的建设，不仅营造了浓厚的班级阅读氛围，提高了学生的管理能力，更拓宽了学生的阅读视野，让学生爱上阅读，与书为友。

据了解，学校还要求确保每周一节的阅读课，每天开展20分钟的经典诵读活动，并通过开展讲故事比赛、朗读比赛、手抄报比赛、课前一分钟演讲、读书主题班会等形式，开展多元化的读书活动，使学生真正走近书籍、感受书香、爱上阅读，在读书中陶冶情操，在阅读中获得快乐。

每年12月中旬，学校将举行一年一度的书香艺术节成果展示活动，此次活动融思想性、艺术性、知识性于一体，严格遵循"形式多样、人人参与、层层评优"的原则，为全校师生提供了一个展示自我风采的大好舞台。

第五章 续百年风华，展先锋风采

赓续百年，先锋教育之根本，在于立德树人、立才济世。先锋学子，乃世之先锋。

第一节 先锋教师，教师先锋

导言

百年先锋，其底蕴由代代相传的先锋教师传承，形成了"正心、仁爱、敬业、优雅"的先锋教师特质，彰显着先锋教师不甘人后、领潮争先的百年风范。

为保障"先锋教育"校本实践，学校注重教师培养，强力主推教师发展的专业化成长，打造"敢研、会研、乐研"的教师团队，培养"有德、有能、有品、有为"的"四有"先锋教师，全面促进教师课堂教学水平与班级管理水平。

第一，文化引领。以校园文化、读书文化、榜样文化引领，让发展成为教师的一种自主选择。第二，目标驱动。组织教师个人"会诊"，制订个人三年成长规划，每学期对个人成长情况进行小结，让目标引领教师不断进取。第三，科研促动。引导教师参与项目研究，以项目研究解决教学问题。第四，平台推动。搭建教师专业分层发展平台，组织"蓓蕾工程""步步高工程""先锋骨干教师工程"等，努力达成"老（骨干）、中、青"教师各领风骚、各美其美的美好愿景。具体措施主要围绕青年教师成长、中层管理、师德教育等方面。

一、青年教师成长

教师是立校之本，而青年教师更是学校的未来、教育的未来。青年教师成长的初级愿景是：一年站稳，三年出师，五年成骨干。具体要求是：把书教好，把人育好，教人教己，守住初心；把学生照顾好，让家长放心；和同事相处好，工作顺心，全身心去把书教好。

具体措施体现在师徒结对、备课、日常教研等方面。

（一）师徒结对

百年传承，以老带新。为实现学校教育教学工作的高效、持续、健康发展，学校十分重视青年教育的培养，形成了优秀的"师徒帮带"传统，落实"先锋小学教师师徒结对制度"，实行教师互帮互学、互相帮扶，确定"一对一"以老带新、以熟带生、以优促新、互学共进的帮扶制度。

师徒结对的帮扶对象是教龄未满三年的临聘教师及顶岗教师，以及有意提升的青年教师。指导教师是学校行政、科长、名师、各级特约教研员、各级中心组成员、区教学新秀、各级骨干教师。帮扶期限为一学期。

在师徒结对中，帮扶指导教师职责包括师德帮扶和业务帮扶。

师德帮扶：第一，关爱学生，尊重学生人格，严宽有度，严禁体罚及变相体罚学生；第二，为人师表，爱岗敬业，言行举止堪为学生表率；第三，工作严谨、细致、负责。

业务帮扶：第一，指导备课：每月集中备课至少一次。第二，指导上课：每月互相听课一节。第三，指导作业布置及批改：作业布置要科学、合理，有针对性；批改要及时，错题要更正。第四，指导试卷检测分析：与被指导教师一起分析平时的检测试卷，找到薄弱知识点，以便有针对性地教学。第五，指导后进生辅导：关注被指导教师的后进生辅导情况，向他（她）传经送宝，提高教学质量。第六，指导课堂管理：

关注被指导教师的课堂调控能力，指导管理方法及管理艺术。第七，指导网络资源的学习与使用。

被指导教师职责要求：明确学习目的，端正学习态度，尊重指导教师，虚心听取指导教师的意见，不定期向指导教师汇报学习情况、工作体会和教学感悟，做好五个一：每周听课一节；每学期设计一份精品教学设计；每节课后写一个课后反思；学期末上汇报课一节：向教研组、学校展示帮扶成果；做一份帮扶档案：含听课、评课记录，帮扶笔记及反思等。

（二）备课

备课是教师研究教材、研究学生、确立目标、选择教法、对教学进行预设的过程，它是课堂教学质量优劣的前提因素。每一位教师都应当努力适应当前教学改革的发展变化，将现代教育的新理念有效地落实到备课中，充分发挥备课的作用，为课堂教学奠定良好的基础。为此，学校建立了"先锋小学备课制度"，实行集体备课和个人备课相结合的形式，使备课规范化、制度化、专业化。

集体备课要求：第一，集体备课必须在个人充分准备的基础上进行。第二，集体备课以单元或模块整体设计的形式进行，负责设计的教师对单元或模块进行综合分析，分析其地位作用，提炼重难点，找到突破重难点的方法、措施等。科组成员应认真聆听，积极回应，提出建议。第三，每两周进行一次集体备课。

个人备课要求：第一，备教材。钻研课程标准和教材，明晰教学内容在教材体系中的位置及知识联系。阅读有关参考资料，了解相关的教研动态，加深对教学内容的理解，扩展知识面。第二，备学生。深入了解学生，掌握教学对象的共性和个性学习情况，确定教学内容的多少、深浅以及教学进度的快慢，因材施教，调动学生的学习积极性。第三，提前一周进行备课。第四，未满三年教龄并任教多个年级的教师，选任教班级较多的一个年级备详案，其他年级备简案。第五，每人上传汇报课（精品课）教案至服务器，汇报课教案要包括教材解读、学情分析、各环节设计意图、课后反思等。第六，未满三年教龄的教师应手写教案

（备详案），三年教龄以上的教师电子备课，并在课本上备简案，在期中、期末把教案笔记本或教学用书上交科长与主管行政检查。详案的内容应包括教学目标、教学重难点、教学过程、教学意图、板书设计与教学反思。

（三）日常教研

在日常教研中，首先要引导青年教师学习、发现教育的"秘密"——兴趣是最好的老师（解决了学生的动力系统问题）；浸入式教学设置（运用眼、耳、口、手、脑等协同学习，才是真正的学习）；教育的规律（如知情意行[①]的掌握、有意注意与无意注意的转换运用、依据学生的年龄特点来设置教学流程等）；树立中国特色教育方式（如何应试）；初步感受教育的本质（教育的诗和远方），培养教育情怀。

其次，注意挖掘青年教师的优势：第一，青年教师身上留有童真、童趣，更符合小学生的天性。"亲其师，随其行，信其道"，青年教师应善于让这个"火种"点燃学生的童真，保护好学生的天性，打通与学生的无缝沟通的渠道，成为"孩子王"，树立教师的权威，从而激发学生学习的兴趣。第二，激发创新性优势。青年教师因刚入行不久，不容易受思维定式的影响，且生活在创新的时代中，获取的信息多，符合时代环境，因此创新潜能大。我们应耐心保护他们创新的火花，点燃他们创新的激情，让他们成为新一代富有新意的教师。第三，学会学习，发挥综合素养高的时代优势。引导青年教师进行主题学习阅读，学习应用丰富的教学资源库，学会应用教学设备，养成每周观看一次优秀课例的习惯，并写好反思积累笔记。

最后，应注意以下细节策略：

第一，新教师如何"教"？首先要重视钻研教材，弄懂教材的设计意图、考查方式；其次，学习如何上课。如何教？新教师先观摩"师傅"的课堂，再重现课堂。也就是说，由"师傅"讲一次给新教师听，再让

---

① 知情意行，是德育工作与心理学理论的一种说法。"知"指的是认知、观念；"情"指的是情绪、情感；"意"指思维模式，形成固定的观念与意志；"行"指的是行为与表现。

教师自己讲一次。"师傅"手把手地教，如学书法中的临摹过程。因此，新教师上新课，必须先听"师傅"上课，再去上相应的内容。最后，回归课程标准，读懂课程标准，强化钻研教材，从而精准达到备课的目的。

第二，新班主任如何培养？每一位新教师都必须当一年班主任。可以采用这种方式：第一年任见习班主任（副班主任，全程跟进班主任工作），由资深班主任手把手地教（资深班主任做一次，见习班主任做一次，资深班主任评课提升）。

第三，幼小衔接、中小衔接怎么做？每年组织低年级的教师到幼儿园去听课，进行幼小衔接；同样，组织高年级的教师到初中去听课，进行中小衔接。

第四，家校共育如何培养？一是知识储备，进行必要的教学知识技能培训，提升重视程度，提升具体技能技巧。二是实例教学，由资深班主任带领新班主任具体处理事情。

第五，青年教师的师德要如何培养？一要树立正确的教师观，明初心，担使命，求发展。二要坚持职业底线，守好专业操守，知道什么能做、什么不能做。三要培养高尚品行，明确"选择了教师，就是选择了道德生活"，明白"教师不仅是一个职业，也是真理的代表，更是社会道德的象征"，从而努力再接受职业的教育，使自己成为"最好的自己"，重公德，守私德，更符合社会标准、职业标准。

第六，每天的工作模式、习惯要如何养成？学会规划每天的时间，养成良好的工作习惯。例如，每天晚上看半小时的备课内容，准备好第二天的上课；"日事日毕"，每天一回到学校打开电脑，在工作群看工作安排；每天下班前，去教室走一走、看一看；每天锻炼半小时；每天看半小时的课外书；等等。以整体思维来设计良好的工作模式、生活习惯，有助于教师工作效能的提升。

培养青年教师，学校应多给他们人文关怀，提供更多的呵护。培养青年教师不能心急，应一步一个脚印，多赏识、多发现他们的优点、长处，多及时肯定他们做得好的地方，如一个环节、一件小事、一个成绩，给青年教师树立自信心，让他们看到自己的成长、进步。

二、中层管理

在先锋教育理念的指引下，学校形成了"成事成人，成人成事"的先锋管理文化——以立德树人为宗旨，构建以师德为底色、成人为经、成事为纬的先锋管理文化。学校提出"教书先育人""学艺先修德"的要求，确立"做事就是做人"的主张，确立师德教育在学校教学管理中的首要地位，让师德成为事与事、人与人之间的伦理，成为师师交往、师生交往、教师与家长间交往的伦理秩序，成为先锋和美家风。学校为中层管理人员进行了执行力提升培训，并整理了"给中层的五条建议"。具体如下：

第一，遵循校长优先原则。校长布置的工作，一定是时间紧、任务重要的。事关重要，必须第一时间布置落实，并准时完成。要用笔记本记好，尤其是工作的要点、完成的时间。不清楚的，一定要问清楚；不懂的，一定要想方设法弄懂，不能不懂装懂。

第二，精细化是衡量一个人行政能力水平的核心标准。办好一事，精准把握上情与下情，精准筹划工作，高质高效，是一个人行政能力的体现。办好每一件事，就一定要重视细节，细节的打磨体现了一个人的行政水平。

第三，事必落实。事事有布置，事事有落实。工作有布置（计划），就必须有督促、指导（过程管理），必须有评价、总结（结果反馈）。每事必须强化管理流程，实施流程化管理。布置后，一定要及时跟进："事情落实得怎样？"事情完成后，负责的行政人员一定要向主管的人汇报落实的结果（评价），让事情有始有终。有布置无检查等于零，有检查无指导等于零，有指导无反馈评价等于零，有评价无总结提升等于零。

第四，行政人员一定是学习能力强的，每一位行政人员必须不断学习、与时俱进。学习什么？一是学习文件。自己所负责的工作、相关政策文件，必须自己最熟悉，即便是校长不知道的，行政人员也应该知道。二是学习校情，结合学校实际，精准安排工作，扎实落实督导评价，及时汇报情况。三是学习管理，学会时间管理、项目管理，学会管理流程、管理方法。行政人员绝对不能做"甩手掌柜"——左手接文件，右手交给教师。这样会引起教师的不满，教师不会从心里尊重这样的领导。同时，这样的做法也有损行政团队的专业形象。四是学习业务，坚持钻研教育教学工作，不能不学无术，沦为庸才。行政人员的学习提升对学校发展非常重要，若不称职，会影响学校工作的成果。

第五，行政人员一定是德行高尚的。行政人员是教师的"家长"、教师的榜样。好教师团队，是靠好的行政团队带出来的。行事就是为人。行政人员的威信，是一事一事积累出来的。行政人员做事要公道、公私分明、大公无私，绝不能自私自利。行政人员的威信，是一句一句体现出来的，做人要光明磊落、公平公正；要懂身份，不能口无遮拦，更不能背后里说别人的坏话；要品行垂范，诚信为本。行政人员不仅是教师道德的标志，也是学生的道德标杆。

三、师德教育

"师也者，教之以事而喻诸德者也。"① 为师者，入门者先立德，而后立艺、立业，这是千古的规矩。师德建设的重要性，不言而喻。习近平总书记高度重视师德师风建设，把师德师风建设提到首要位置，强调"评价教师队伍素质的第一标准应该是师德师风"②。因此，学校将师德教育摆在学校管理的关键位置。

（一）立言行德、仁爱德

当下之师，立什么样的德？如何立德？

师德，是言行之德。《法言·学行》有云："师者，人之模范也。"教育是为了"培养德、智、体、美、劳全面发展的社会主义接班人"，为师之德，首先是以社会主义接班人应有的道德情操为根本。以社会主义核心价值观为核心，以中国优秀传统文化中的伦理道德为内容，以构建良好社会伦理交往秩序为目的，小到交通规则，大到国家法律，无不包含着立人之德的含义。因此，在生活的丛林中，教师要成为社会主义制度下道德规范的践行者、示范者、传承者，知道什么能说、什么不能

① 出自《礼记·文王世子》。
② 2018年5月2日，习近平总书记在北京大学师生座谈会上的讲话。

说，知道什么能做、什么不能做，做规矩之师，努力成为一个高尚的人、纯粹的人，脱离低级趣味。要求自己自觉坚守精神家园、坚守人格底线，带头弘扬社会主义道德与传统美德，是为立品立德，并以自己的言行影响和带动身边的人，教己教人，"以事而喻诸德"。只有以身为范，立志高远，成为社会道德的范者，学生才能遵其志而效其行，正如《礼记·学记》中所言："善歌者，使人继其声；善教者，使人继其志。"此乃师德之"外核"。

师德，是仁爱之德。"爱是教育的灵魂，没有爱就没有教育。"[①]仁爱之德是师德的"内核"，它源于悲悯之心，教师通过学习、感悟，唤醒沉睡在遗传基因之中的善良天性。教师从眼神到言行，都应是充满慈爱、友善、温情的，透着智慧、真情、信任的。以爱育爱，以真育真，以德育德。师爱，如春风般温暖，如阳光般无私，如父母般关怀。作家高尔基有句话，大概意思是："谁爱孩子，孩子就爱谁。只有爱孩子的人，他才可以教育孩子。"在仁爱的交融之中，教育的灵魂得以凝聚。有仁爱，才有真教育。教师有仁爱之心，才能成为"人师"。

达成以上二者，教师离应有的师德就相去不远了。

（二）修先锋德

"德"字，双人旁：心中有自己，更有他人；自己在下，他人在上，把他人放在自己之上，谓之德。心字底：中国传统文化中的良心，即以公道为伦理基础。师德，是社会道德的标杆。"立德树人，教人教己"是教师的职业要求，教师职业是以身为教的行业，如果言行不一，就是一个"骗子"，必然把学生带偏，即误人子弟。文学家鲁迅曾说："误人子弟，莫大于谋财害命。"教师其艺不精，可能培养出"次品"，若其德不正，可能培养出"危险品"。作为一名教师，"德"何等重要。

教师修德之路，其实是一个社会人成熟之路，也是一个人通往幸福的前进之路。何为君子之德？上善若水之德，是君子之德。水利万物，从不怨；水无形，又可万形，随遇而安，水往低流，把自己放低点，把别人放高点。上善若水之德，教育我们要修善心，心善则心安、心静、

心雅，这是幸福的基础。君子之德是厚德载物之德。德厚，则福高。俗话说："一命二运三风水，四积阴德五读书。"德厚，则人人敬重，乐于交往。地道酬德，多付出，也就有多收获。

德分小德、中德、大德。

修小德，即解决好自己与他人的关系。美国文化人类学家鲁思·本尼迪克特在《菊与刀》一书中写到，日本的交往之德的伦理在于"不给别人添麻烦"。而中国传统文化中倡导"仁、义、礼、智、信"，作为人与人关系的道德伦理大纲。民间有谚语："人人说好话，个个听好语，不道不善言，不说不实话，这样好话连连、净语绵绵，是非人我却可免。"在荣誉面前推，在利益面前让，是仁义。修好小德，成就"和谐先锋"。

修中德，即解决好个人与集体的关系。"集体"如树，给了我们生活的物质基础，精神上为我们庇荫。当集体需要时，见事就推、见责就躲，谓之不仁；当集体利益与个人利益冲突时，坚定自己的利益神圣不可侵犯，谓之不义。如何衡量个人与集体的关系？我们要学会思"两头"："我"已得到的，从而获得集体利益的维护与平衡（即"公道"）。例如，在"三聘"中，当出现个人利益与集体利益有冲突时，我们应有话好好说，别让做事的人为难，静下心来换位思考，从另一个角度分析，提出"不平衡"的点，再求平衡。"三聘"中的圆满，正是体现了先锋人"中德"的圆满。我们千万不能出现教师失德行为，失德行为尽失教师风范。什么是担当？在关键时刻挺身而出。当集体利益与个人利益有冲突时，先集体，后个人；当集体需要之时，个人服从集体。这不但是个人之德的要求，也是工作岗位要求。

修大德，即解决好职业上的要求。"幼吾幼以及人之幼"，先锋小学的大德核心就是大爱之心。大道至简，从工作小节上见大德。上好每一节课，就是先锋小学的大德。有什么事比给几十个学生上课更重要的呢？作为教师，连书都不认真教，还能叫教师吗？反之，连备课都不落实，天天"吃老本"，甚至"空枪上阵"，又怎能叫"上好每一节课"呢？善待每一位学生，就是先锋小学的大德。苏霍姆林斯基说："没有了爱，就没有了教育。"对每一位学生负责，是先锋小学师德的庄严誓言。

德高为师。师德越高，工作、为人越严谨。先锋人以德修身，立德树人。何为德？"大写"的人，做人大气、做事大气。何为失德？"小写"的人，斤斤计较，"有我无理"。何为大德？心存大爱，胸怀世界，众人平等。

（三）成事成人，成人成事

习近平总书记提出的"四有教师"①中，每一点都离不开师德的建设，可见，师德建设关乎国家教育的成败。同样，师德之于学校，是成事与成人的"底色"。师德，是教师教书育人的伦理依据，是人与人交往的秩序伦理，也是一件事背后的伦理逻辑。学校努力建设"先锋心园"，其中师德的建设是关键：让先锋人充满正能量，让先锋教育充满正向教育，让先锋师生心中充满幸福温情。

先锋"事"文化：步步争先——多想一点，多走一步。做事的效果：把事做稳妥，把事做周到，把事做完善。做事的过程：不忘初心，牢记使命——坚守纯粹的心，一就是一，认真做事，不为自己找借口，先讲结果再讲过程。做事的方法：把事做细，细心、用心，思前想后，上下通达，高效周到。做事的分工：行政人员把事做好；教师把书教好、把人育好；学生把品行养好、把学业做好。

先锋"人"文化：公道与温情。工作角色：行为垂范。为人师者，保持纯粹；烙上教师印记，做一个堂堂正正的人，传承中国传统文化的人（君子风范）。生活角色：一个纯粹的人，成就自己，成就幸福家庭。把自己"修炼"好，成就的不只是工作，更是家庭，进而是幸福人生。

先锋"事"文化中的核心是一个大写的"人"，事是一撇，人是一捺；一撇是自己，一捺是他人。做事见人，如何做事能看出一个人的品行。为师之道，办事公道，做事周正，行得正坐得正，清清楚楚做事，明明白白做人。为人做事，公道见人心，温情暖人心。心存公道，心存他人，心存感恩，心存敬畏。

我们要培养什么样的人？充满正气的先锋人。我们大张旗鼓地反对自私自利的行为——对自己有利的去做，对自己没好处的就不做；关键时候，见事就推，见责就躲；先私后公，只考虑自己；严以待人，宽以

---

① 指有理想信念、有道德情操、有扎实学识、有仁爱之心。

待己；对集体这棵大树"只乘凉，不浇水"。我们要堂堂正正扬正气，大大方方讲和谐。只有正能量满满，先锋的"家风"才得以张扬，才能培养一代又一代正气先锋人。我们要大力主张讲"三好"：说好话、做好事、存好心（慎言、慎行；正心、正身）。只有和和美美，才能为大家营造心园，共享幸福职业生活。

成事与成人的关系是复利关系。即成事中成人，成人后促进成事。

所谓"复"：成事中，通过如何达事、如何与人交往（我他关系）、锻炼逻辑思维能力、平衡得失等，使人不断成熟，进而成就人。一个大家认可的人，一呼百应，一个能力高的人更能成事。其本质是一个人"品"与"行"的辩证统一关系。所谓"利"：于己，立于集体、立身立品立行的修行，让自己逐渐成为一个成熟的社会人；于家，一个完善成熟的人，更能与亲人和谐相处，使家庭幸福；于集体，这是教师专业成长的一部分，有利于形成良好的学校教育生态环境。

成事与成人其实是一件事。做事支撑着做人，做人支撑着做事：做事即做人，什么样的人就做什么样的事；同样，什么样的事反映出什么样的人。做事私心杂念太多，必然事难成；反之，好的品德，才能使人做事处处得心应手，进而成事。

如何成事、成人？具体可以从以下几个方面来看。

第一，先锋成事的核心在于：多想一点、多走一步，才能步步当先。成事在于用心，积极心态是幸福工作的基础。

举一个案例：

张三和李四同时受雇于一家店铺，拿同样的薪水。一段时间后，张三青云直上，李四却原地踏步。李四想不通，去问老板为何厚此薄彼。老板说："李四，你现在到集市上去看一下，看看今天早上有卖土豆的吗？"一会儿，李四回来汇报："只有一个农民拉了一车土豆在卖。""有多少？"老板又问。李四没有问过，于是赶紧又跑到集上，然后回来告诉老板："一共 40 袋土豆。""价格呢？""您没有叫我打听价格。"李四委屈地申明。老板又把张三叫来："张三，你现在到集市上去看一下，看看今天早上有卖土豆的吗？"张三很快就从集市上回来了，他一口气向老板汇报说："今天集市上只有一个农民在卖土豆，一共40袋，价格是两毛五分钱一斤。我看了一下，这些土豆的质量不错，价格也便宜，于是顺便带回来一个让您看看。"张三边说边从提包里拿出土豆，"我想这么便宜的土豆一定可以赚钱，根据我们以往的销量，40袋土豆在一个星期左右就可以全部卖掉。而且，咱们全部买下还可以再适当优惠。所以，我把那个农民也带来了，他现在正在外面等您回话呢……"

第二，天下难事必作于易，天下大事必作于细。

做事的关键在于，通过学习与研究（把每一件事当课题研究），不断提升成事能力。把大事做细，把小事做精。行政人员要当好"家长"，把大事做细，每一件事清清楚楚、明明白白；教师要研究日常小事，"苟日新，日日新"，生生不息，方能成为专业。如何把事做细、做精？事前，先定好目标（如备课），把事的结果明细化、具体化、数据化；事中，定好措施，行动精准，事半功倍；事后，总结整理，做成程序，优化经验，为明年做准备。成事，追求精准高效。

第三，成事、成人都在于生生不息、历久弥新。

"苟日新，日日新。"做事、做人讲求"生生不息"，今日之事，比昨天之事更进一步，因"我"在生生不息，事在生生不息。日事日毕，以行动说话，不能"说得天下无敌，但做得有心无力"。

"成事成人，成人成事"构成人、事通达的先锋心园。作为先锋教师，要弘扬先锋精神——我们今天所做的不一定是最好的，但一定是对后来者具有重要价值的，用心做人，用心做事。

（四）清风如沐，百年家风

面对当下教育大环境中出现的一些不良现象，教师当引以为鉴。如一些教师在工作中出现用权不慎、我行我素、麻木不仁、心存侥幸、私欲膨胀、自我放任、价值观扭曲等异象，对教师职业形象造成损伤。在这些不良情况之下，我们更要旗帜鲜明地提出先锋教师作用，根据《中华人民共和国教师法》和《教师资格条例》，建设一个廉洁、高效的教师工作团队，推动师德师风建设，传承良好的先锋"家风"。

未来五年，学校工作重心在于：稳人心、聚人力、勇担当、讲高效，促学校高质量、高水平发展。在师德修养方面，主要体现：工作层面上，事事尽心尽责，不令而行；个人层面上，以"师者"的道德要求做人做事。具体标准如下：

【查一查是否堂堂正正做人】

（1）学术是否失范？

（2）诚信问题：言行是否一致、品行是否端正？

（3）伦理问题：番禺 2018 年（一高中教师被开除）、2019 年案例（一小学教师被判刑）。

（4）网络案例问题：是否在网上散布虚假、恶意信息？

（5）是否存在生活纪律问题，如酒驾、赌博等？

（6）是否有体罚学生（每年都有通报处分的教师）？

（7）其他问题：有偿补课等。

良好的师德也是良好人品，我们生活在同一屋檐下，应该守望相助、和睦共处，形成一团和气。要杜绝歪风邪气、阴声怪气、满腹怨气（压"三气"），做人要大气、正气、义气（张"三气"）。

【查一查是否踏踏实实做事】

（1）行政人员有没有做"摔手掌柜"（左手接文件、任务，右手转给教师）；教师有没有"时运高"现象、工作不力现象、我行我素现象。

（2）工作是否做细、做实？

例如，学校杨翠华老师在 2020 年承担的新型冠状病毒肺炎疫情的抗击工作，从农历新年大年初三起足足三个多月，超过一百天。工作烦琐、复杂，且面对的是新情况，大家都是"摸着石头过河"，要求有极高的学习、研判能力，以及极高的执行力。在此过程中，绝大部分的学校都被上级领导点名批评了，唯有先锋小学从没被上级点名批评。杨翠华老师以实际行动，为我们做了一个圆满地把工作做细的范例。又如，学校副校长陈少梅在疫情期间开展线上教学工作，她凭着对工作的认真、细致、及时的态度，把一项全新的教学方式——线上教学组织得有条不紊，确保了先锋小学"停课不停学"。

【查一查是否清清白白做人做事】

常怀律己之心，常排非分之想。

（1）行政、财务人员的"钱途"清清爽爽，充分发挥学校党支部、校务监督委员会等组织的职能，做好校务、党务的过程性公开与结果性公开，推进民主管理与学校科学治理工作。

（2）重在排查风险点，做到防、控齐抓，不留空白。招生工作：保持头脑清醒，恪守"亲清"，不接朋友"鸡仔"；招标工作：如何面对政府的"放管服"政策？教师福利费的使用：严格按上级规定操作。

（3）强化"八小时外"的生活作风。全体教职工严格遵守"不吃不该吃的饭，不去不该去的地方，不做不该做的事情"，简简单单生活，清清白白做人。

海纳百川，有容乃大；壁立千仞，无欲则刚。学校把师德与廉洁教育相结合，以德立学、以德施教、以德育德，致力打造"清风先锋"，促进教师自觉把立德修身当作终身修习。

先锋小链接 1

先锋小学师德"十戒十倡导"

戒言行失范，先生之风重教化

戒歧视贫弱，一视同仁教无类

戒漠视安然，爱生如子先于己

戒身体笞罚，尊重儿童守国法

戒心理戕害，呵护童真如春芽

戒索礼受偿，两袖清风气自华

戒学术不端，诚实守信自鉴察

戒同行倾轧，和谐共赢同成长

戒庸装俗扮，自然清新贵得体

戒散漫懈怠，终身学习师无涯

先锋小链接 2

先锋小学师德公约

正心：陶行知先生曾说："身正为范。"《论语·子路篇》也有言："其身正，不令而行。"正言先正心，正身先正心。身为人师，知行合一，才能真学、真教，才是真正的教育。

仁爱：对学生心存敬畏，是为人师者的底线。对学生心存怜悯，才能"幼吾幼以及人之幼"，爱学生是先锋教师的基本职业要求。爱学生不等于毫无底线地溺爱，更不能过度地严爱，应严宽相济，让学生追随。

敬业：教师志存高远，学生才能遵其志而效其行。教师在教学中，以自己的言行、人格素养、教育智慧影响学生，以情感动学生，以理教育学生，以知识培养学生，以智慧启迪学生，才能使学生受到启发、感悟、教育、影响，教师的教育才有生命力。这是先锋教师的真正使命。

优雅：先锋教师具有百年风华。文峰小学时期男教员的西装革履、女教员的短发旗袍，与时俱进，时尚潮流。思想上，文峰教师从开启民智到教育救国，先锋教师从开创时代到追求卓越。从外在穿着到内在思想，言行之中，先锋教师皆显大格局，表现出浓浓的家国情怀、明理善良。这就是先锋式优雅。

四、先锋教师风采

年度感动校园十大先锋人物（教师篇）选登

（一）2016 年度感动校园十大先锋人物：林笑玲

【先锋故事】

从教至今，林笑玲老师在教育这片热土上默默耕耘，她坚信"痴心一片终不悔，只为桃李竞相开"，只要辛勤耕耘、挥洒汗水，定能换得桃李满天下。她的理想就是当一名尽职尽责的英语教师。

在三年级的时候，林老师开始教我们英语，至今已有三个年头了。她的每一节英语课都上得非常精彩，我们都被有趣的教学活动吸引住了，都积极地投入课堂的学习中，每次下课铃响了，我们都还意犹未尽，舍不得下课，总是要求再多加几分钟。每当课堂上有同学开小差，林老师就会提醒我们要认真听，不然到了下课又要加时，又舍不得下课了。其实我们从心里知道，林老师是非常辛苦的，这三年来，我们有什么不懂的，林老师都会用心地教我们，不但教会我们知识，还教会我们做人。记得去年校运会，早上参加完激烈的比赛后，下午还要进行田径项目的总决赛，她看见我们的运动员都累了，担心我们没力气跑下去，于是就到学校旁的面包店买些点心给我们吃，还鼓励我们要尽自己能力，赛出好成绩。这让我们非常感动，因为到了五年级，她不再是我们的副班主任了，她是一名兼当班主任的英语老师，工作量增加并变得烦琐，需要更大的忍耐与责任。回想三、四年级的时候，她还是我们的副班主任，我们就把她当作妈妈般地依赖，学习上、生活上遇到什么事情，总会跟她倾诉，她也总会静静地倾听着，然后给予我们指引与帮助。课堂上，她总会根据某同学的言行来进行教育，让我们懂得该如何当好一名学生、一名乖孩子。现在，她当了五年级（3）班的班主任后，虽然跟我们的相处时间比以前少了，但她对我们的爱心不减，仍旧用心教育我们、爱我们。所谓"爱出者爱返"[①]，她对我们的爱，换来了全班同学的认可与喜爱。当我们要为"感动校园十大先锋人物"投票时，全班同学都一致喊出林老师的名字，都把手举得高高的，为林老师投票。我们班的同学还为林老师制作了精致的卡，评选当天，我们高高举起这张卡，在升旗台上声情并茂地把林老师的事迹说给全校的老师和同学们听。最后，功夫不负有心人，林老师获选了，我们班的同学都高兴极了！

【颁奖词】

"当林笑玲老师的学生真幸福！"一句发自内心的同事赞语；"我们爱你，林妈妈！"孩子们口中的妈妈老师。"痴心一片终不悔，只为桃李竞相开"，爱出者爱返！

---

① 出自汉代贾谊的《新书》。

（二）2016年度感动校园十大先锋人物：杨翠华

【先锋故事】

杨老师是我们学校的一名校医，也是一年级（2）班的副班主任。她勤劳有爱心，关心每个学生。

杨老师作为一名校医，平时工作繁忙，除了治疗学生的意外小伤和小病小痛，还要负责学校的卫生检查、学生的膳食营养。每日忙前忙后，还要发校讯通提醒学生天气变化、注意个人卫生、预防疾病、多锻炼身体等。

杨老师的勤劳是出了名的。有一次，她要外出开会，却遇上要整理学校卫生检查的资料。开完会，她急忙忙地赶回学校整理，这一整理又是大半天了，回到家已经很晚了。

杨老师的爱心传遍学校。她对每一位前来校医室的学生都很关心，照顾得无微不至。记得有一次，班上的一位同学膝盖擦伤了找她治疗，杨老师细心地给她消毒上药。第二天，杨老师还惦记着那位同学的情况，特意来班里看望。

作为副班主任，杨老师经常最早来到班里，协助班主任开展各样教育工作，关心每个学生的成长和学习情况。

杨老师是一位敬业爱岗的好老师，值得我们爱戴！

【颁奖词】

仁心仁术，以爱心守护1 200多名师生的健康；尽心尽责，细心履职校医十几年如一日；美德美行，成人成事见风骨！医者父母心，美心校医！

（三）2016年度感动校园十大先锋人物：李秋玲

【先锋故事】

作为一名小学教师，李老师对工作一直兢兢业业，从不挑拣、拈轻怕重，而是服从分配，努力工作，教书育人。她认真学习新教学大纲，以新思路、新方法来指导工作。她学而不厌，自觉加强专业知识和理论知识的学习，不断对自己"充电"，提高教学水平和管理水平。她以严要求、高标准来衡量自己，工作之余勇于探究，努力钻研教材，不断地提高自己的教学水平。在教学中，她以各种教学方式营造轻松、活泼、上进的学习氛围，用学生乐于接受的方法来教学，教学业绩显著。

李老师在教育教学中，能想学生之所想，急学生之所急，处处关心学生、帮助学生，体谅学生的疾苦，做学生的知心朋友。因此，她始终受到学生的欢迎，师生配合默契，教学成果优秀。她爱学生，曾用关怀让学生感到不已，曾用爱心扬起学生心海的风帆。几年来，她在不变的工作岗位上，不断演绎着不变的爱心。有时她把爱心转化为对学生的尊重，有时她把爱心体现在对学生的严厉，体现在对学生良好行为习惯的培养上。她的课，学生没有坐姿不正的、没有不思考的……她的爱心是真诚、宽容和坦诚，她赢得了所有学生的心。

【颁奖词】

有一种担当，叫"有呼必应"；有一种执着，叫"勤耕教坛十余载"；有一种大爱，叫"爱生如子、宽严共济"。同事心中的好搭档，家长心中的好老师，孩子心中的好"妈妈"！

（四）2016年度感动校园十大先锋人物：陈锦花

【先锋故事】

陈老师是五年级（4）班的语文老师，也是学校的德育主任。在一到四年级的时候，她担任我们的班主任。陈老师的语文课生动有趣，课外她只给我们布置很少的语文作业。在教给我们知识的同时，她还十分注重与我们的情感交流。平日里，她爱与学生一起聊聊天、说说心里话；活动课上，她爱与学生一起跳橡皮筋、踢毽子、跑步等；校运会上，她和学生一起为运动员加油、呐喊，她的心与我们紧紧地连在一起。

以前，我们班有位同学学习成绩不好，而且经常不交作业，陈老师找他谈心，问他："最近几次作业都没交，能和老师说说心里话，这是什么原因吗？""老师，我不会！""我很笨，我学不会的。"听到这样的回答，陈老师心里一酸，想的是怎样令这位同学早日从自卑的阴影中走出来。为了帮助他恢复自信心，陈老师总是用"你是一位聪明的孩子""你很能干"等话语鼓励他，并且让他担任课代表，负责收发作业的工作，借此来教育他：作为课代表要以身作则，今后自己的作业也不能再拖拉了。经过一个多学期的努力，这位同学比以前自信了，作业能按时完成，学习成绩也有所提高。

陈老师就是这样，她并不是只关注我们的学习成绩，她更关注我们的健康成长。我们希望陈老师一直教我们。

【颁奖词】

你是一位睿智的德育工作者，创新思维令人信服，用实践阐释着立德树人的内涵；你是一位拥有追求卓越精神的教育者，无论在教学上还是在科研上，以一个又一个的第一，阐释着先锋冠军精神；你是一位拥有担当精神的好员工，"有呼必应"，从不缺席。

（五）2018 年度感动校园十大先锋人物：范俊斌

【先锋故事】

有一种努力叫作坚持不懈，有一种态度叫作泰然自若，有一种人一直坚持着最初的梦想，永不言弃。就如他——范俊斌老师，范老师从小就拥有一个美好的童梦——当一名出色的轮滑运动员。

刚入读小学时，范老师就开始学习轮滑，从此与轮滑结下不解之缘，开启刻苦训练之旅。在同龄的玩伴都在享受童年的时候，范老师年复一年、日复一日地重复着一套枯燥的动作：站立—踏步—滑行—停止—安全跌倒。由于训练，范老师从小就没有了休闲的假期；无论是寒冬还是酷暑，每天放学后，操场上都能见到范老师一次次重复着"摔倒—爬起来—旋转"的动作。

已经参加了很多大型比赛的范老师在备战 2014 年亚洲轮滑锦标赛前夕，在训练强度过大的情况下意外摔倒，手、胳膊和腿都受了伤，其中最为严重的是膝盖，一直在流血，腿和胳膊也存在一定程度的损伤。但想到比赛马上就要进行了，范老师仅仅是让教练简单包扎了一下就继续进行训练，并且跟队友坚持完成了整套比赛动作的训练。直到训练结束后伤口还流血不止。训练后队友问他："还疼吗？想过放弃吗？"范老师说："因为我喜欢轮滑，所以平时训练再苦也不会觉得累。至于训练中的伤痛，我觉得这都很正常。只要心中有目标，就没有想过要放弃。"对于得到比赛第五名的成绩，范老师说："能够代表国家参加比赛很高兴，结果不重要，我会更加努力地训练，希望今后取得更好的成绩。这次比赛虽然最后有点儿遗憾，但我已经尽力了。"校园的运动场见证了他的付出努力，汗水和泪水印证了他的吃苦耐劳。范老师自称很平凡，没有过人的天分，没有命运的恩宠，但他坚信，只要执着和努力，总有一天，真正的辉煌会离他越来越近！看！机会都是留给有准备、肯努力付出的人的。训练有素的范老师从 2000 年就开始积极参加全国和亚洲比赛，努力拼搏的他参加速度轮滑锦标赛、全国花样轮滑锦标赛共获得 21 个奖项；参加亚洲轮滑锦标赛获得 3 个奖项，这些辉煌都是靠他的坚持、努力和汗水换来的！

希望范老师凭着他的坚持不懈，在轮滑之路越走越远！愿范老师这种吃苦耐劳的精神继续点燃他为教育事业奉献的激情，继续燃烧他青春的梦想！

【颁奖词】

一场体育盛典，让我们看到了竞技的力量和荣耀，更让我们渴望探寻亚洲轮滑锦标赛奖牌背后的故事，感动着绿叶与根对花的情意。你不甘平庸，追求卓越，在轮滑赛场用汗水当甘露，滋润更多花开。你以朝圣的虔诚赢得了师生的敬重，你让青春的旋律演奏出最美的华章。

五、教师教研成果

20 世纪 80 年代到 90 年代，先锋小学是番禺教科研质量的一个高地。多年来，先锋人一直传承着"先知先研"的教风。近年，在先锋教育的校本实践过程中，学校坚持先锋教研，培养了一批先锋教师。

首先，以课题引领教师专业成长。学校现有省级课题 1 项、区级课题 4 项；公开发表论文 8 篇；获奖论文、案例共 31 篇（其中国家级 2 篇、省级 6 篇、区级 23 篇）；获奖课例 7 项（其中国家级 1 项、省级 2 项、区级 4 项）；在 2020 年番禺区教学成果评奖中，学校有 4 个成果获奖。

其次，实行先锋师徒传帮带，传承先锋好师风。学校对教龄三年或以下的青年教师，与学校名师结对。现结成师徒对子 7 对，推动了青年教师的快速成长。

再次，成立专项工作室，培养专家型教师。学校依托广东省名班主任工作室，与校外专家、校内名师联手，成立了校级"林绿苗班主任工作室"，打造培养优秀班主任的平台，研究破解学校现存的班主任工作难题，成效显著。

最后，立足课堂，以"先学课堂"为课题开展教研课。以2020学年为例，全校教师共上各学科教研课41节（包括校级）、区级公开课2节、传优课56节；区级新技术课例获奖4节、区级微课例获奖2节；参与广州电视课堂拍摄4节，播出3节（另一节因复课未能如期播出），其中2节被选在中共中央宣传部主管的"学习强国App"中播放。

第二节　先锋家长，家长先锋

导言

　　有怎样的家庭，就有怎样的儿童。教好儿童，要先培育好家庭教育"土壤"，优化儿童两个关键教育环境。先锋小学提出培育"先锋家长"，以实现家校协同教育，形成一致的正向教育力量，为儿童提供最有力量的教育影响。

　　家长教育是儿童教育的关键部分，任何一个不重视家校合作的校长，都不是合格的校长。同样，任何一个忽视家校合作的教师，也不是合格的教师。

　　《中共中央国务院关于深化教育改革全面推进素质教育的决定》中指出，实施素质教育，"应当贯穿于学校教育、家庭教育和社会教育等各个方面"。《国家中长期教育改革和发展规划纲要（2010—2020年）》明确提出家庭教育在教育改革和发展中的地位和作用，强调学校教育、社会教育和家庭教育要紧密结合。《中共中央关于进一步加强和改进学校德育工作的若干意见》中指出："学校要主动同家长及社会各方面密切合作，使三方面的教育互为补充、形成合力。"家校共育，已成为教育界的教育共识。如何有效实施家校共育，成为重要的教育研究问题。

一、家校教育的困境：从观念到行动的异化

　　杜威认为，教育即生活、即生长、即经验改造。他把教育的过程理解为一种社会化过程。作为教育的主体，儿童生活源于家庭生活，家庭生活是儿童生活经验的最初源泉。家庭是儿童熟悉且富于安全感的场所，家庭生活的经验是直观生动且深刻、易于理解的经验。学校教育的"原材料"（生活经验）最初源于此，家庭教育构成了儿童教育的基础。从

另一角度看，学校教育生活是对儿童家庭教育生活的延伸与提升，是对儿童在家庭生活中产生的经验加以筛选、简化、提升，让儿童在生活经验改造中得到生长，逐渐实现社会化，从而成人、成才。从中可知，家庭教育的重要性。然而，当下家长教育的缺失，使儿童教育深陷困境，这是中国教育的根源性问题。以家校协同来优化儿童教育的背景，提升教育的效能，是解决这一问题的有效途径。

（一）家庭教育的困境

一是缺位。家长不负责任，生而不养、养而不教，在家把教养儿童的任务交给祖辈或他人，上学则把教育责任完全交给学校。儿童出问题了不做自我反省，习惯性地将责任推给学校和社会。

二是越位。家长干了自己不应该干的事，如对于学习内容与进度，选择"另起炉灶"：有的家长让儿童选择性学习，自认为不重要的就让儿童不学、少学，认为重要的就让儿童多学、提前学；许多家长除了学校布置的作业外，还增加额外作业，或者给儿童报大量补习班。

三是不到位。家长"履责"能力差，诸如：有的家长恨铁不成钢，崇尚"棍棒下出孝子"的教育方法；有的家长把快乐学习与常识教育简单化、标签化；有的家长把失去原则等同于爱，过于溺爱儿童。

（二）学校教育的困境

一是应试教育思想根深蒂固。重教轻学、重知轻行、重数量轻质量、重智育轻德育、重知识轻智慧、重结果轻过程等，造成培养的学生有知识无文化、有知识无智慧、有规范无道德、有学位无品位、有欲望无理想、有技术无灵魂。

二是学校教育资源不足。教师编制紧张、专任教师配备不足、教育资源不均衡，导致学校教育不公。一旦学校教育资源不足，就会导致教育内容落后、单一，教育活动枯燥而脱离生活，难以满足儿童生动活泼的天性发展的需要。

三是教师对家校协同教育缺乏胜任力。家校协同教育是一项专业的工作，而在我国当前的教师教育培训体系中，没有与之对应的系统的培训内容，教师资格证考试中也没有对相关能力的要求，家校协同教育的相关要素在教师教育体系中缺位。首都师范大学家庭教育研究中心在北京市一定范围内曾做过家校合作现状调查，结果显示，将近85%的班主任认同"家校合作增加了教师的工作量"[①]，而在教师工作量设置中无体现家校协同教育相关任务。因此，造成教师家校协同教育的不胜任。

（三）家校协同教育的困境

1. 教育效能内耗严重

一是家校双方沟通不足，相互推责；二是家校双方教育理念不一致，双方不理解、不协同；三是家校双方不协同，导致教育内容不能同步延续，成为教育碎片；四是家校双方教育口径不一，出现"两种声音"，进而形成了教育的"双重性"。当此种种，面对社会不良事件的冲击，家校双方产生了教育的异化。

2. 家校教育团队凝聚力不足

一方面，教师与家长存在较远的心理距离与对话距离。师道尊严，形成了"我讲你就得听"的错误定位，把对儿童的权威无限扩展到家长身上，使教师高高在上，导致教师教育行动上的"单飞"。另一方面，家校教育的松散，使教育变得无力、低效。家长的错误观念——"要我来教孩子，还要你老师干吗？"导致家长懒得行动；家长与社会上的偏见，对教师行业的误解，对学校的种种猜疑与不信任，以及家长的灰色心态，大大地降低了对教师的教育信任。

3. 家校教育的核心价值观迷失

在应试教育的框架下，家长教育功利心太重，学校也受应试教育"指挥棒"左右，与教育的核心价值相去甚远。家校不良共识在此汇聚，对儿童教育形成双重"伤害"。教育的盲目，更导致了与教育的本真价值南辕北辙，牺牲了一代又一代的祖国花朵。

以儿童为中心，以生活为中心，应成为家校协同教育的价值回归。家校协同教育的困境，降低了教育的效能，影响了教育价值的回归。家

---

① 中国教育报. 家校合作中教师面临胜任力挑战［EB/OL］.（2018-03-08）［2021-11-17］. https://www.sohu.com/a/225091816_243614.

校协同成为教育走出困境、推动素质教育实施、推动教育过程社会化的有效途径。

二、家校教育的对策：家校协同

家校教育需要家长、学校双方进行优势整合，从观念到行动上形成协同，建立同心同向的家校教育系统，为此，学校通过研究、实践，以大教育系统为背景，以儿童为中心，以情感交融为纽带，以制度管理为保障，创建了家校协同的策略——"144"模式（1个愿景：家校协同教育共同体；4个模块：家校互联、家校互助、家校共建、家校共育；4个评价维度：学生层面、家长层面、教师层面、家校协同教育层面）[①]，以推进家校教育，实现家校同向、家校互援、家校合一。

（一）家校同向，树立统一的生活教育理念

教育核心理念的统一是家校协同教育团队建设的基础。建立教育即生活、即生长、即经验改造的理念，有利于家校形成教育共识，重塑教育核心价值观，促进教育理解、包容与支持，形成同心同向的教育团队。

1. 建设家长学校，加强家长培训，引领家长的教育成长

家长学校的建设着力于课程序列化、管理机制规范化、培训教师专业化。一是通过家长学校的培训，统一家长与教师的教育核心价值观，建立一致的生活教育理念，确立以儿童为中心，以生活为中心的观念。二是重视以身为教，促进家长与教师的教育素养提升，做到教学相长。三是建立家庭教育专家队伍，成立由班主任担任家庭教育导师的制度，形成常态指导机制，引领家长家庭教育正向发展。

2. 建立常态沟通机制

一是完善校讯通、社交软件平台的沟通渠道，利用互联网达成常态联系，实现儿童的教育信息共享，实现常态教育行动协同。二是规范家校联系册的使用，建立儿童自评、同伴互评、教师评价与家长评价的四维评价体系。三是落实家校互访常态制度，建立"四必访"家访制度，

---

① 具体内容已在前文论述，此处不再赘述。

即学生生病必访、有重大突发教育事件必访、学生获重大成绩必访、家庭出现重大变故必访。四是建立班级网络管理群，如班级 QQ 群，提供网上生活交际的场所，让教师与家长更亲近地进行情感沟通与教育指导，促进互信与达成共识。

3. 建立民主协同管理机制

通过成立家长委员会，提供家庭教育指导，推动家校协同教育民主化管理。家长委员会负责监督、审议学校教育教学等活动，提供家校协同教育资源支持，负责聆听来自学生、家长、教师、学校领导、专家学者等各方声音，让教育更贴近生活、更符合教育规律。

（二）家校互援，整合家校教育资源

家校互援，整合家校教育资源，横向协同教育发展，拓展生活教育。

1. 建立家长协同教育社团

一是建立家长义工社团，丰富和保障学校日常生活教育，解决师资配套不足的问题，同时让家长亲身体验学校的教育，增进教育共识。二是成立家长互助社团，加强家长间的互助，在互助交流中提升信息共享，共同探讨、解决教育难题。

2. 让家长走进课堂，拓展传统课堂中的多元文化

家长来自儿童家庭生活第一线，同时也是具有各行各业生活经验的发言人，是整合"家庭—学校—社会"三位一体教育资源的理想关联点。例如，可以利用家长资源，让家长走进课堂对儿童进行职业启蒙教育；开展家长开放日活动，让家长了解自己的孩子在学校的具体生活，了解教师的工作过程，更有利于促进家校协同教育团队的形成。

（三）家校合一，建立教育行动协同机制

家校合一，建立教育行动协同机制，使家校协同纵向联合，步调一致，更有利于减少教育内耗，提升效能。

1. 家校共读

开展书香家校活动，即把书香校园的建设与书香家庭的建设二合为

一，协同组织。定期进行亲子阅读指导、亲子阅读活动、亲子阅读表彰，进行成果交流，培养教师、学生、家长终身阅读、终身学习的习惯，共享阅读与成长的乐趣。

2. 亲子锻炼

学校大力推行"体艺2+1项目"活动，定期组织亲子运动会、亲子爬山活动等，带动家庭亲子共同锻炼，传递"健康第一"思想，让家长和儿童在互动中增进亲子关系，为家长进行生活教育夯实情感基础，倡导健康生活理念。

3. 家校协同养成教育

家庭是良好行为习惯养成教育的重要场所，因此学校加强指导，与学生探讨每一个习惯背后的"为什么"，协同家庭生活教育，实现知行合一。

4. 家校协同心理健康教育

关注儿童的精神需求与困惑，是当下学校与家庭教育中普遍欠缺的内容。儿童心理健康问题的根源往往来源于家庭，家校合作是防治学生心理健康教育问题的有效途径。随着教师心理健康教育培训的普及、家庭教育指导能力的提升，教师成为心理健康教育的最佳导师，实现家校协同心理健康教育。

5. 拓展综合实践活动课程

课堂教学是学校教育的主渠道，生活实践是家庭教育的主渠道，将二者合一，构成了综合实践活动课程实施的理想模式。其丰富了人力、物力、财力、信息等所需资源，让综合实践活动课程真正走向生活教育。除此之外，家校合一应趋向更多的联合，以学校引领，让法制教育进家庭、科技教育进家庭等。在家校合一教育中，教师、学生、家长的社会化水平不断得以提升，真正实现教学相长。

家校协同教育共同体的提出，是以大教育观为背景，把家庭教育与学校教育结合起来。在家校共育中，既育学生也育家长、教师，全面提高全民素质，从而形成良好的教育系统，全面提升教育效能。从教师方面来讲，教师明确既教学生，也教家长，同时要求"教学生的，教师先以身为范"，强调教师以身为教、知行合一。教师在教别人之中提升自己的综合素养。家长担任学生成长导师、教师的教育合作伙伴，发挥家庭教育权威优势，在与学生共同经历、体验、感悟、交流、实践之中，与学生共成长。从家长方面来讲，家校协同教育成为家长的"二次教育"，家长在"共同价值观"教育中，把自己也培养成为优秀的国家公民。从学生方面来讲，学生作为家校协同教育的中心，在教师与家长的协同教育中得到最大可能的成长，而学生最大可能的成长，又激励着教师与家长进一步成长。

学校即社会，家庭即社会，家校协同是教育社会性使然。家校协同教育，把家庭教育与学校教育相融合，改善了家庭教育状况，优化了学校教育生态，有效地提高了教育质量，从根本上解决了家校共育难题。同时，为优化儿童一生之教育背景起着关键作用，为探求实施素质教育提供了一个可操作的路径，为探求新教育做出了有益的尝试。

三、家校教育的桥梁：家长会

家长会是家校之间最常用的沟通和合作方式。家长会如何才能开到家长心里去，如何才能不走形式、开出实效？多年来，笔者与教师同仁一直在不断地思考与实践，总结出以下四点。

（一）家长会的目的是什么

开家长会前，我们首先要弄明白：家长会的目的是什么？

从家长的角度：想了解自己的孩子在校的表现，希望自己的孩子受到表扬，如果自己的孩子得到成长和提高，则表明教师教育有水平。

从教师的角度：希望家长成为教师的好助手，学生学不会的知识，家长统统"承包"，但又担心家长不会教，甚至不在乎、不重视孩子的教育。那么，教师应讲些什么？

从学校的角度：希望家长与教师增进情感与合作，达到家校共育。家长会是教师在家长心中树立教育权威和良好形象的平台。因此，精心组织的家长会是教师专业能力的最好体现。

总的来说，家长会是学校与家长的一个交流平台，目的是增进情感与信息互通，以及建立教师的良好形象与学校的良好形象，提升家校共育效能。

（二）家长会的任务是什么

开家长会前，要做好计划，做到心中有数。首先确定针对当下学校情况，要解决什么问题、完成什么任务、达成什么目的、宣传什么内容等，确定好主题及主要内容，才能确保家长会的实效。

（三）家长会如何开

家长期望会议不要开太长时间，教师不要"讲耶稣"（每学期讲同样的、空泛的东西），对家庭教育伪专家的言语不屑。

教师要改变旧观念、旧模式，让家长会更充实、更有趣、更专业（多元化），也让自己更省力。可以发挥家长委员会的作用，由家长协助组织家长会，包括布置教室、出设计方案等，教师给意见。

一般家长会流程设计如下：

（1）开会前安排（15分钟，家长陆续到班）。

①发放会议资料、家长签到（由学生及家长委员会成员担任）。

②每位学生桌子右上角贴"亲子心声"（学生写给家长的一句心里话），封面写上学生的姓名，以便家长找到自己孩子的座位就座。

③桌面整齐摆放学生语数英的试卷、作业，以供家长了解孩子半学期的学习情况。

④黑板上写好家长会主题语、欢迎语。

⑤一体机循环播放学生在校生活情景PPT（尽可能让每一位家长都能见到自己的孩子的身影，体现教育公平）。

⑥教室环境做到洁、静、美，富有生活、学习气息。

（2）宣布家长会开始，学校领导讲话（5分钟）。

（3）学生代表汇报半学期里（或近一年里），师生、集体获得的成绩，学生们的生活情况（制作成PPT，以便于学生讲解）（5分钟）。

（4）家长代表作家庭教育经验交流（5分钟）。

小主持提示家长学习学校发放的家庭教育小知识。

（5）任课教师发言（班主任 15 分钟，各科任老师 5 分钟。以表扬为主，提要求不宜太多，每人有针对性地提 3 点即可，不宜过多。要求要具体、可操作）。

（6）教师与家长会后互动（10 分钟，教师与个别有需要的家长作交流）。

（7）其他内容：收集家长会的评价表、意见征集表，学生才艺表演、班级家委会工作汇报，班主任对近期家长的咨询做出回应等。

随着教育观念的更新和现实的需要，家长会的形式变得多样，除了一般流程外，有的还会加入辩论、小品等内容，活跃会议气氛，让家长会不再枯燥乏味。总之，成功的家长会能够根据班级和家长的情况，选择适合的会议形式，达到通过家长会真正走进家长和学生的心里的目的。

（四）教师如何参加家长会

通常情况下，很多人认为家长会是班主任的事情，任课教师是否参加没有关系。其实不然，班主任工作繁多，难以真正地了解学生对于每一学科的学习情况，无法替代任课教师。因此，任课教师也是家长会中的重要参与人员。要让家长会发挥实效，需要任课教师做好以下准备：

（1）安排好自己的工作，抽空参会。如确实不能参加，以短信或致电班主任请假。

（2）了解家长会的中心议题，通过网络主动先学习议题内容，做好"预习"功课。

（3）会前抽时间与学生谈一次话，带着问题参会，争取与家长个别交流。

（4）会中做好笔记，认真学习领会，提升自己。

（5）会后与学生交心谈话，耐心交换意见，促进学生提升。

家长会后，任课教师还需要收集家长的反馈，清楚这些问题：家长真正收获些什么？我们的目的达到没有？……从而更好地优化自身的教学方法和策略，助力学生的成长。

四、家校教育校本化：家长学堂

为顺利推进家校教育，学校还设计了"家长学堂"读本：第一部分是让家长了解学校的基本概况，尤其是学校的教育理念；第二部分是新生入学必读；第三部分是提供家教小锦囊；第四部分是提出小学毕业前必须养成的七个习惯。

（一）新生入学必读

对于一年级新生来说，养成良好的习惯是最关键的，家长要根据学校的要求配合班主任培养学生良好的学习习惯，使学生尽快适应小学生活。

1. 作息时间

早上 7：50 ～ 8：10 到校，周一升旗仪式，要穿好礼仪校服。

中午 11：30 放学，下午 2：10 ～ 2：30 到校，下午 2：30 正式上课。

周一至周三下午 4：05 放学，

周四、周五下午 4：55 放学。

2. 接送要求

请家长在接送区接孩子，勿把车停在校门口的黄格线内，以免堵塞校门，影响学生放学。

孩子能够自理，家长不必送孩子进学校、进班级。平时督促孩子养成早睡早起的好习惯，做到不迟到。

3. 文具要求

选用实用、简单的文具，提倡用笔袋，不用铁制铅笔盒，笔袋不能带挂件、小玩具。回校不允许带玩具及小刀、剪刀等危险性物件。不使用玻璃水杯，以免发生危险，不允许带饮料。

笔袋里可放橡皮、直尺、多支铅笔（5 支左右）及签字笔，勿用过短的铅笔，以免造成近视。

4. 学习习惯要求

第一，在家中最好有专门的安静学习场所，给学生营造良好的学习环境。

第二，给新书配好书套，让学生懂得爱护书本。

第三，准备一个作业登记本，让孩子养成每天登记作业的习惯。

第四，督促孩子放学后及时、认真地完成作业，同时重视朗读、阅读、口算、认字的作业。

（二）家教小锦囊

表 5-1　先锋小学家教小锦囊

年级	孩子心理表现	家长教育对策
一年级	对小学生活感到新鲜，一时难以适应，好奇、好动、喜欢模仿，很难做到专心听讲，特别信任教师，并且有直观、具体、形象等思维特点	1. 教孩子如何安排时间，多和孩子相处，培养孩子独立自主、热爱学习的好习惯； 2. 知识不是最关键的，关键是激发孩子的学习兴趣。这一阶段的学习以适应为主，家长应告诉孩子什么是学习以及如何学习
二年级	适应了小学生活，形成了一定的行为习惯；是孩子形成自信心的关键期；孩子学习习惯、学习态度从可塑性强转向逐渐定型的重要过渡阶段，个性差别大，情绪不稳定，容易冲动，自控力不强	1. 要多表扬、肯定孩子，随时注意孩子心理的变化，适时引导教育； 2. 以习惯为主，学习上注重习惯的培养和基础知识的把握。如写字、看书、做作业等，及时纠正孩子的不良行为习惯
三年级	1. 孩子情感变化的转折期，普遍马虎大意，做作业磨蹭；从情感外露、浅显不自觉向内控、深刻、自觉发展； 2. 情绪控制能力有限。由于交往范围扩大，认识能力不断提高，孩子会遇到各种困扰，需要家长和教师的帮助	多花时间陪孩子，悉心呵护和耐心引导，及时纠正孩子的不良习惯，培养孩子的学习兴趣，为进入高年级奠定基础

（续上表）

年级	孩子心理表现	家长教育对策
四年级	孩子生理和心理变化明显，是培养学习能力、情绪能力、意志能力和学习习惯的最佳时期。孩子从被动学习向主动学习转变，有自己的想法，但辨别是非的能力有限，社会交往经验缺乏，经常会遇到很多难以解决的问题，并会产生不安的情绪	注重引导，及时帮助孩子发现问题、解决问题，树立信心。通过正确的教育，可以将陌生的社会交往转化成对自然和社会的探索激情和求知欲望，综合能力得到快速提高，在学习的旅途中实现一次具有人生意义的深刻转折
五年级	1. 出现变声现象，男孩会很明显，变声期经常会发出一些自己控制不了的怪声调，引起哄笑，这是正常现象； 2. 处于由儿童期向青春期过渡的关键时刻，处于心理发展的骤变期，自我意识、独立意识明显增强，但仍缺乏自我分析、自我调节和宽慰的能力	1. 增强孩子的学习技能训练，培养其良好的智力品质，引导孩子树立学习苦乐观，激发学习兴趣、求知欲望； 2. 培养孩子正确的竞争意识，鼓励孩子参与社会实践活动，提高做事的坚持性，树立进取的人生态度，促进其自我意识的发展
六年级	1. 进入青春早期，孩子的自主意识逐渐强烈，喜欢用批判的眼光看待其他事物，情绪不稳定，有时对师长的正当干涉会反抗抵制； 2. 孩子的记忆力增强，注意力容易集中，敏锐，特别是由于抽象思维、逻辑思维能力的加强，自我意识、评价和教育的能力也得到充分发展，初步形成了个人的性格和人生观； 3. 意志力不坚强，分析问题的能力还在发展中，遇到困难和挫折容易灰心	密切关注孩子的心理变化，引导孩子注意调节和控制自己的情绪，促进孩子的心理健康发展

（三）小学毕业前须养成的七个习惯

1. 规划时间的习惯

规划、利用时间是一种基本能力，从一年级开始就要培养孩子独立规划时间的习惯。例如，周日一天 24 个小时，家长让孩子以小时为单位自己划分、安排，想要做哪些事、每件事大约需要多少时间等，然后鼓励、协助孩子完成其时间规划。这样一项简单的习惯将会使孩子终身受益。

2. 制订计划的习惯

设定目标、制订计划是将梦想变为现实的基本功，需要从小培养，要启发、引导孩子设定在不同的成长阶段自己想要达成的心愿、想法、目标。例如，暑假 2 个月的时间，想要做成哪些事情，如何分步骤去做；新学期开始了，想要取得哪些变化、怎样一步步去实现等。

3. 收拾整理的习惯

能够定期且主动收拾自己的书包、房间、百宝箱，养成良好的生活习惯。"收拾"是吐故纳新，是价值的重新定位，也是对过去的回忆、总结，更是对将来的畅想、希望。

4. 系统阅读的习惯

在网络技术越来越发达的今天，系统地阅读、安静地思考已经成为一种"奢侈品"。但如果想要孩子更好地成长，就一定要培养孩子具备系统阅读的习惯，以某个主题词、某个事物、某个观点为线索，搜集相关书籍、资料，进行系统、广泛地阅读，将一个问题搞彻底、搞清楚。

5. 承担家务的习惯

承担家务是最朴素、最有效的培养孩子责任心的办法。在不同年龄阶段，可以列出不同的家务，让孩子自己进行选择，坚持做 3～6 个月；当孩子能够完全胜任，对家务进行调整，以锻炼孩子基本的生活技能。

6. 收集错题的习惯

收集、整理错题是"最笨",也是最高效的学习方法。错题集能够让孩子更加清楚自己的劣势在哪里,有清晰的改进方向,避免多次在同一问题上反复出错。

7. 关心他人的习惯

关心他人是一种高尚美好的品德,也是一个人生存的能力。家长要给孩子创造关心他人的机会。关心他人,先从关心父母、长辈开始,到关心教师、朋友,进而延伸至关心社会。

先锋小链接

先锋小学优秀家长的标准

一、关爱孩子

(1)每周与孩子共同阅读不少于 2 小时,培养孩子的阅读习惯。

(2)每周与孩子共同锻炼不少于 2 小时,每天关注孩子的营养保障,确保孩子长好身体,提升孩子体质体能。

(3)加强孩子安全管理,确保孩子节假日安全。

(4)严格要求孩子的言行,关爱不溺爱。

二、关注孩子学习

(1)树立正确的孩子学习质量观,既关注孩子的分数,也关注孩子分数获得的过程,并加强指导。

(2)树立孩子学习的责任感,帮助孩子克服不良的学习习惯,培养良好的学习方法。

三、以身作则教育孩子

(1)尊敬长辈,加强孩子的孝道教育。

(2)遵守社会公德与法纪,要求孩子做到的,家长首先要做到,做孩子成长的榜样。

四、家校合作

（1）尊敬教师，不在孩子面前随意评价教师的不足之处，配合教师做好孩子的日常教育教学管理。

（2）正确处置矛盾事件，保持理性，加强沟通，给予学校教育教学工作以更多的理解与支持，配合学校妥善处理事件。

五、先锋家长风采

年度感动校园十大先锋人物（家长篇）选登

（一）2015年度感动校园十大先锋人物：洪海

【先锋故事】

洪海是四年级（1）班洪××同学的爸爸，也是学校家委会主任，一直以来他关心孩子的学习、支持学校的工作，是一位非常优秀的家长。

每一位父母都希望自己的孩子是人中龙凤，洪海也不例外，但他觉得，学习成绩固然重要，个人品德与习惯却更重要，一个人有高尚的品德和良好的习惯是任何优秀教育的前提。洪同学在幼儿园的时候，在公交车上会主动把位置让给老奶奶；老家的表哥来了，洪同学会把最心爱的玩具给表哥玩；洪同学去公园玩，从不乱扔垃圾、不破坏植物；在家里，洪同学独自完成作业、整理房间，主动做家务；进入先锋小学以来，洪同学一直担任班长和少先队大队长。在洪同学这些良好的品德和习惯中，我们看到了家长洪海在平时的生活中对孩子的教导，也看到家长的言传身教对他的影响。

在家庭教育方面，洪海说："高尚的品德和良好的习惯都需家长平时的言传身教，并对孩子少批评、多肯定。"他认为，孩子就是我们手中的风筝，我们可以任由风筝飞翔，但那条掌控方向的线一定在我们手中，孩子才能飞得又高又远、更顺畅。

家长洪海不仅在教育孩子方面有独特的方法，取得了很好的效果，在帮助学校方面同样尽心尽力。从孩子一年级开始，洪海就担任学校的家委会主任，四年以来，学校每一次的邀请，洪海都会在百忙中抽出时间来参加；同时按照学校领导的要求，与家委会的其他成员为学校提供家长中的有用资源，配合学校做好每个时期教研工作，并把家长们的建设性意见反馈给学校，在学校和家长之间起到很好的桥梁纽带作用。

成功的育儿方法和对学校的热忱和无私奉献，换来了我们全校师生的认可。我们希望洪海能继续为学校服务，希望学校能有更多像洪海这样的好家长、好家委。

推荐人：叶××家长（家委成员）

【颁奖词】

你有舍我其谁的"老大"风范，带领先锋小学家委勇往直前；你有中流砥柱的沉稳，为先锋小学保驾护航；你有言传身教的好家风，为孩子卓越成长立榜样。杰出家委主任！

（二）2016年度感动校园十大先锋人物：卢国力

【先锋故事】

卢国力是三年级（3）班卢××同学的爸爸，是市桥街三堂社区居委会常务副主任。在工作中，他经常为社区居民排忧解难、调解纠纷，平时密切联系群众，为群众办实事办好事，以人为本，全心全意地为社区居民服务。

社区内曾有一名姓王的孤寡老人，无儿无女，身体残疾，行动不便，生活几乎不能自理，长期靠妹妹接济和照顾。卢国力家长得知这个情况后，立刻为王老伯向番禺区民政局申请居民低保补贴、向番禺区残联申请残疾人补贴，解决了王老伯的生活困难，让王老伯的生活得到了保障，并且常常到王老伯家进行家访，鼓励他积极生活。在学校教育方面，他同样尽心尽力。去年教师节的时候，班上的几位同学参加了《番禺日报》举办的"谢谢您，老师！"黑板报评选活动，作为三年级（3）班的家长，卢国力家长带领全班的家长发动身边的亲戚朋友为黑板报评选活动拉票，最后，班级的作品获得了番禺区中小学黑板报评选活动的人气奖。作为先锋小学家委会主任，卢国力家长团结各班家委会成员，为学校改革发展出谋划策，搭建了学校与家长沟通的桥梁。其中，他提出了举办跳蚤市场活动，被学校采纳。先锋小学于 4 月 8 日成功举办了第一届跳蚤市场活动，活动办得有声有色，所得的收入盈利捐给了学校少先队"红领巾小银行"，学生们在体验了生活的同时又做了善事，此次活动的成功举办得到了家长、老师和学生们的一致好评。

推荐人：陈锦花老师（德育主任）

【颁奖词】

居委的当家人，居民里的好帮手；学校家委里的"领头人"，老师心中的好助手；家庭里的好父亲，孩子口中的"好哥们"；家委里的先锋！

（三）2018 年度感动校园十大先锋人物：黄洁明

【先锋故事】

作为家委会一员，黄洁明时刻关注学校，积极响应和支持学校的各项活动，尽自己的一份力量，共同为孩子们的健康成长营造良好的环境。

黄洁明的小孩入学不久，学校举行校运会，这是小孩入学后的第一次大型活动，听到老师需要家委会协助，她马上报了名。因为孩子们都还小，加上小孩爱动的特性，老师需要协调的事情也比较多，需要家长协助管理。黄洁明非常支持孩子参加学校的各项活动，并且带领家委会成员积极协助老师搞好校运会各种项目安排，让孩子们除了学习以外，还能从各种赛事中体验"失败不气馁、成功不骄傲"的好心态。

在学校的校运动会活动中，黄洁明为了更好地展示班级凝聚力，亲自用心地为班集体设计了很有意义的班徽。经过多次和刘老师沟通意见并进行修改，班徽终于确定下来且得到全班家长、同学的认同。为了在校运会上增强孩子们的集体荣誉感，她召集家委会在短时间内准备了醒目的手举牌和整齐的班服。她带领家委们从计划到出发，既要整理统计事情、把支出的费用压到最低，也要考虑家长们的感受等方方面面的事情，对于家长们提出的意见进行协调。

在校运会期间，黄洁明说得最多的话是："小朋友们注意安全，不要在跑道上乱跑""不要离开座位，文明观看"……她积极参与其中，担任班级后勤服务及管理等工作，积极为班级同学服务，一丝不苟地履行自己的职责。这次活动让她感受到了学校特色教学给孩子带来的深深影响，也为自己能在孩子们成长路上出一份力而高兴。从此以后，学校的各项活动需要家长协助的，她都积极响应，争取为孩子们营造更好的成长环境，为孩子做出更好榜样，竭尽所能地为学校出一分力、增一分光。

推荐人：刘波老师（班主任）

【颁奖词】

你不是老师，却关注教育，身体力行，成就方圆。你用分享的方式把小我之爱演绎成无边大爱。你用爱心与责任，庇护着孩子们一点一点地长大，为他们撑起一片湛蓝的晴空。

（四）2018年度感动校园十大先锋人物：劳佩贤

【先锋故事】

爱是阳光化冰雪，爱是春雨生万物。先锋小学的家委会成员——劳佩贤，就是一位爱的天使。

曾经是教师的她对教育教学工作非常支持，积极参与学校的结对子帮扶活动。当她和校长、老师一同走进增城区派潭镇第一小学高埔分教点的校园时，她感慨万分，脑海里马上浮现出18年前自己踏进任教的偏远农村小学时的情景。进入校园，孩子们的热情问好让她的内心无比动容——这么天真纯朴的孩子应该拥有更好的教学条件、更丰富的校园生活。而更令她内心震撼的是与学校领导一起深入了解特困学生的家庭状况。大家在分教点老师的带领下，来到了一个五年级学生的家里。小女孩的家里坐着一位年迈的老婆婆，她就是孩子的外婆。屋里非常暗黑，家具摆设非常简单，可以说没有一件好样的家具，连可以坐的凳子都没有几张，大家基本是站着的。劳佩贤家长小心翼翼地问："孩子，你爸妈呢？在家吗？"孩子听到这么一问，眼泪哗啦哗啦地直流，大家被惊呆了，不知怎么是好！学校主任马上把孩子搂入怀内并带到屋外抚慰，后来外婆哽咽地诉说情况，原来孩子妈妈因吸毒被戒毒所带走了，爸爸也不知所终。听到这，劳佩贤家长的眼眶早已湿透了，连话也说不上来了。过了一阵子，主任把孩子带回来了，看到情绪已经稳定的她，大家才松口气，老师们鼓励孩子好好生活、好好学习，有困难大胆告诉老师。

在坐车回程的路上，劳佩贤家长主动跟校长提出："能否开展捐助活动？"校长说："如果在校内发动全员捐助不好，因为并不是所有的家长都支持这样的活动，毕竟只有少数的家长参加这次活动，具体情况也只有我们知道，所以不能做全员募捐活动。"听到校长这么说，她的内心五味杂陈，但她始终没有放弃心中的想法，脑海里翻腾着各种可行的方法。她心想：既然校长说不能发动全员开展捐助活动，那么可以发动小范围的募捐活动啊！于是她就在微信群里跟一同参与这次活动的几位家委会成员商讨心中的想法，没想到马上就得到大家的赞同，由大家各自回家发动自己的孩子献爱心，帮扶有困难的同伴。就这样，"为同伴献爱心"的捐书、捐文具、捐衣物活动顺利开展。后来，其他家委会成员知道这事，也纷纷加入捐助队伍。收到大家的捐物后，劳佩贤家长组织几个家委成员进行分类、打包，然后转由学校大队辅导员林老师帮忙安排好后续的捐赠工作。

劳佩贤家长对远在他乡的贫困孩子的事情都十分上心，更何况发生在她身边的呢？当她在家委会微信群里得知三年级（1）班的赵××同学家境特殊，父亲在他出生前就离家出走了，至今杳无音信，赵同学一直与妈妈和长期卧病在床的外婆相依为命，家中经济捉襟见肘；更不幸的是，孩子的妈妈被确诊为肺癌，最终不幸去世，留下他和年迈有病的外婆。这件事深深地刺痛了劳佩贤家长的心。她把心里的疼化作爱的动力，通过微信朋友圈，组织社会人士与身边的朋友进行爱心捐助活动。她的发动得到很多有心人的支持，大家纷纷献出一份爱心，短短的几个小时，就收到捐款3 000多元。她亲自把捐款交到三年级（1）班家委会主任的手里，让她转交给赵同学，鼓励孩子坚强地生活下去，让孩子感受到社会的温暖。她的行动足以让爱凝聚成一股激流，温暖着贫困学子的心。

是什么让她热泪盈眶？是什么让她自发捐助？是什么让她无惧前行？就是她那颗善良的心。她坚信爱是鼓动人前进的力量，爱能给予温暖，她这种平凡而无私的精神鼓舞着先锋学子将爱不断传递下去，让爱连接你我他，这正是先锋小学教育理念的导向。

推荐人：林佳旋老师（班主任）

【颁奖词】

坚守"生命的意义在于付出，在于给予"的朴素信念，劳佩贤家长主动参与社会公益活动，热心教育事业，关心学校发展，为先锋的校园建设做出了贡献。感谢您与学校携手，共同为孩子们营造了一方温暖、阳光的乐土。

（五）2019年度感动校园十大先锋人物：马丽伟

【先锋故事】

你是二年级（1）班的家委，也是学校义工团的主席。

刚入学时，还不是家委的你，自愿提出愿意帮助家长们统一去购买适合孩子们的学习用品。学校组建护卫队，你毫不犹豫地第一个报名，在班级群里呼吁及组织更多的家长参与，风雨无阻地为孩子保驾护航。本年度你正式担任了学校的义工团主席，更是积极组织义工们参与学校的活动。你身体力行，把小我之爱演绎成无边大爱，为孩子们撑起一片湛蓝的天空。

推荐人：陈锦花老师（德育主任）

【颁奖词】

坚守"生命的意义在于付出，在于给予"的朴素信念，主动参与社会公益活动，关心学校发展。"采得百花成蜜后，为谁辛苦为谁甜。"感谢您与学校携手，共建先锋、共享先锋。

第三节　先锋少年，少年先锋

导言

先锋少年："先锋"指校名，先锋学子具备"厚德、厚能"品质，富有社会责任感与鲜明个性，善学习，多才多艺，做最好的自己。

少年先锋："先锋"指领潮争先，先锋学子努力争当同龄人中的翘楚，具有敢为人先、不甘人后的卓尔不凡的追求。

历经百年沧桑的锤炼，先锋小学始终怀着赤子之心，书写先锋真风采。先锋学子承载着先锋小学百年底蕴，有着独特的品质。

一、先锋少年的核心素养

"会学先、能争先、敢当先"是先锋教育的三大核心，它们形成相互环绕、相互影响、螺旋式上升的递进关系。"会学先"是学生扎实的基本功，"能争先"是学生胜人一筹的特长，"敢当先"是学生不断向前的冠军精神。

（一）会学先：先知先觉，底蕴丰厚

"先知先觉"即先锋学子对事物有强烈的好奇心，有提前储备知识的行动，从而形成时时超前、事事超前的思维和行为习惯。

"底蕴丰厚"即先锋学子有良好的行为、阅读习惯，在学校的教育中注重提升自身的学识修养和精神修养，从而成为一个学识丰富、有礼仪、讲诚信、懂感恩、关爱他人、爱惜生命的人。

"会学先"的核心词是"学"，是先锋教育的核心内容，更是培养的目标参照。主要通过两个方面"学"：一是学先贤［每一位学生心中都有一位"先锋（偶像、榜样）"，以此指引学生健康成长］；二是学

先进文化（学习的内容与时代素养同行，与优秀文化相伴）。通过学先贤、学文化，结合学习阅读、活动课程，让学生掌握学习先进的方法，形成学先的态度、情感、价值观，养成虚心向学的习惯。

（二）能争先：锋从砺出，才艺出众

"锋从砺出"即先锋学子有积极乐观的心态，在学习过程中有努力赶超别人的勇气，有今天争做最好的自己的决心和行动。

"才艺出众"即先锋学子注重艺术和科技素养的养成，在学校开展的特色课程中习得一技之长，从而在某个才艺领域有所成就。

"能争先"核心词是"争"，是行动力为重心，是先锋教育的过程。它应是与学先相融合，在学习过程中你追我赶，同伴学习，天天向上。主要通过学先，形成比同龄人"多想一点、先行一步"，勤思勤行、达观决行的争先品质，以追求在才艺、品行上领先同龄人。

（三）敢当先：坚毅自强，志向远大

"坚毅自强"即先锋学子瞄准目标，不怕困难，不断地挑战自己，坚持做到用每一天的小进步汇聚成每一个成长节点的大成就。

"志向远大"即先锋学子以争当"先锋之星（每周一星）""感动校园十大先锋人物"为契机，认识自我、提升自我，从而树立远大的理想，圆心中的"冠军梦"。

"敢当先"的核心是"当"，即在同龄人中某些方面成为优秀者。

"今天做最好的自己"——找到自己发展的优势，在某方面不断提升、完善自己，获得自己最大可能的成长。从学校、家庭而言，即是实施个性化教育培养；"明日当各界的先锋"——即对学生进行立场教育、生涯教育，培养对社会、对自己有担当，对社会、对国家、对世界有用的人，回归立德树人、为国育才的总目标。

二、先锋少年的组织教育

少先队广州市番禺区市桥先锋小学大队结合学校的办学理念，立足"步步争先"的校训，通过"学先、争先、当先"的办学特色，实现先锋德育个性化，培育"厚德、厚能"的先锋人。为深入贯彻落实党的

十九大精神和习近平总书记系列重要讲话精神，学校积极推进少先队工作改革，探索成立了第一届学校少工委，使学校少先队工作有指导、有方向、有规范、有特色地发展。大队部结合学校的特色，以培养少先队员的自主管理为重点，以活动教育为载体，以实践体验为途径，使工作得到了进一步发展，上了一个新台阶。

（一）立足少先队基础建设

1. 完善队伍基础建设

少先队的基础建设是大队部工作正常、有序开展的保障。学校重视少先队队室的建设，要求队日活动规范化开展。结合学校实际，2018 学年健全了旗手、礼仪队、值日生、小主持、小记者、广播站等的构建和落实。

2. 加强队内民主建设

少先队组织是一个温馨的大家庭。身为小主人，队员积极、主动参与管理，"自己的活动自己搞、自己的阵地自己建、自己的事情自己管"的主体意识不断增强。

第一，我的阵地我来建。实行轮换制，每年大队委竞选，大、中、小队小骨干通过民主竞选产生，使队员在少先队组织生活中从小培养和树立民主意识和社会参与意识，各种能力得到提高。

第二，我的事情我来管。在大队部的统领上，实行"文明督导、中队委管理、大队委评比"的管理方法。以学校"文明班集体""榜样之星"和各类先进中队的评比标准为依据，对队员进行常规检查，坚持做到每天一汇总、每周一小结，在升旗仪式上颁发锦旗，在队会课上颁发榜样之星卡。

第三，我的活动我来搞。结合学校的厚德课程进行中队主题活动。通过中队主题活动的开展和延伸，让队员形成积极、乐观、向上的生活态度，促进队员身心健康、快乐成长。

（二）多彩活动展现队员风采

体验活动是少先队教育的本质所在，为了让队员有更多的实践体验，学校在传统节日、校园活动等基础上，不断创新，努力打造特色活动，让队员们在玩中学、学中玩，让特色德育活动序列化、主题教育活动常规化。

1. "争做新时代好队员"主题活动，根植爱国主义情怀

为了落实习近平总书记系列重要讲话精神，大队部组织开展了一系列围绕"争做新时代好队员"和社会主义核心价值观的教育主题活动。通过队会、国旗下讲话、演讲、征文比赛等活动，使少先队员勤奋学习、快乐生活、全面发展；利用"学雷锋活动月"，让圆梦之花开遍校园、社区。

2. 特色活动，促进队员全面发展

第一，开展"我们的节日"系列活动。大队部围绕端午节、教师节等传统节日和有特殊意义的日子，开展形式丰富的节日活动，引导队员形成积极、乐观、向上的生活态度，促进队员身心健康。

第二，开展"红领巾低碳环保我能行"主题活动。学校利用中队活动课程，积极开展广州市垃圾分类回收活动，变废为宝；利用国旗下讲话，进行垃圾分类知多少有奖问答等环保知识，引导队员养成节约资源、保护环境的良好行为习惯。

第三，开展"育财商素养献爱心·当新时代先锋接班人"金融理财红领巾跳蚤市场活动。践行社会主义核心价值观，培养队员市场经济意识、金融理财意识与模拟实操能力，对队员进行财经素养教育。

第四，办出大队部特色。举办"书香艺术节"活动，让读书引领家长和队员们的精神世界，让家长和队员们一起读书、一起交流、一起写作、一起成长；开展"我是校园小创客"科技节成果展示会，让家长、师生走近科学，把科技德育教育、素质教育、创新教育相结合，培养和提高学生的科学素养；特色社团让队员们在合作中成长，学校大队部有"三堂凤队"、文学社、科技社、英语话剧社等20多个社团，形成了"你追我赶，人人争先"的学习氛围。

（三）爱心传递扬助人精神

大队部开展了一系列"小小志愿者"爱心行动，以弘扬助人精神。

例如，少先队代表到帮扶学校增城区派潭镇第一小学对困难家庭学生进行慰问活动；开展"温情先锋　爱心传递"活动，关爱特殊队员；组织大队委与先锋社区开展慰问环卫工人活动；少先队代表在"六一"儿童节对特困生进行节日的问候，开拓创新，确保帮扶效果。

（四）果实累累再上新台阶

经过师生的努力，少先队工作在省、市、区级等各级各类比赛中屡获佳绩。其中，四（2）敏学中队荣获"广东省先进中队"称号；三（4）中队阳光小队被评为"番禺区少先队特色小队"；先锋小学大队荣获"番禺区红旗大队"称号。在第十届番禺区中小学生社团文化节中，乐探社团被评为"优秀社团"，"悦读"文学社被评为"品牌社团"，张丽娟等6位教师被评为"社团工作优秀指导老师"，陈××等4位队员被评为"优秀社团干部"；陈敏仪老师在2018"百旺杯"华语手抄报大赛暨羊城晚报第二十三届手抄报创作大赛中，被评为"优秀指导老师"；卢××队员荣获"广州市优秀少先队员"称号；梁熙等5位队员的征文在广州市"传承红色基因，争做时代新人"征文比赛活动中分别获二等奖、三等奖；谢××、胡××等6位队员参加"改革开放四十年，幸福番禺报出来"2018年番禺区千人校园记者编报大赛分别获二等奖、三等奖；张××队员的作品《别让毒品操控人生》在2018广州市番禺区校园禁毒漫画评选活动中，获小学组三等奖；周×等3位队员获2018年番禺区"笔尖下的童真"少儿书画大赛硬笔高年级组三等奖、优秀奖。

少先队广州市番禺区市桥先锋小学大队以有为之心砥砺可为时代，秉承"学先锋、当先锋"的教育理念，培养更多"勇于开拓、敢为人先、勇于担当、卓尔不凡、领潮争先、锋从砥出"的少先队员。

三、先锋班级的管理策略

班级正是学生在校活动的基本单位，学校的教育功能需要通过班级去实施和实现，因此班级管理对学生的发展起到十分重要的作用。这就需要我们去构建新的班级管理模式，培养学生自我发展、自我管理、自我评价、自我完善和合作竞争的意识。叶澜教授在《"面向21世纪新基础教育"探索性研究理论纲要》一文中呼唤："把班级还给学生，让班级充满生活气息，使班级成为学生的精神家园……"学校积极构建班务全员化管理模式，建设"班级话事人"课程，充分尊重学生的主体地位，发挥学生的能动性，发挥学生全员化作用。在教育情境中的每位学生既是管理者，又是被管理对象，这样的管理模式充分营造了一个民主、自由的发展空间，使学生在学习管理的过程中增长才干，充分发展。

学校实施了班务全员化管理模式，目标是通过班务全员化管理的开展，充分调动学生的主体意识，使学生学会自我管理、自我评价、自我完善，使班级管理成为学生发展个性、培养社会技能的舞台，为今后的人生道路奠定良好基础。

先锋班级管理原则（见图 5-1）包括五个方面：第一，民主愉悦原则是指在班级管理中，教师要善于创设平等、和谐的师生关系和团结互爱的同学关系，使学生感受到集体的温暖。第二，主体性原则是指在班级管理中，要充分尊重学生的主体地位，激发学生的主体能动性，使学生学会自我管理。第三，全员参与原则是指每位学生既是班级管理者，又

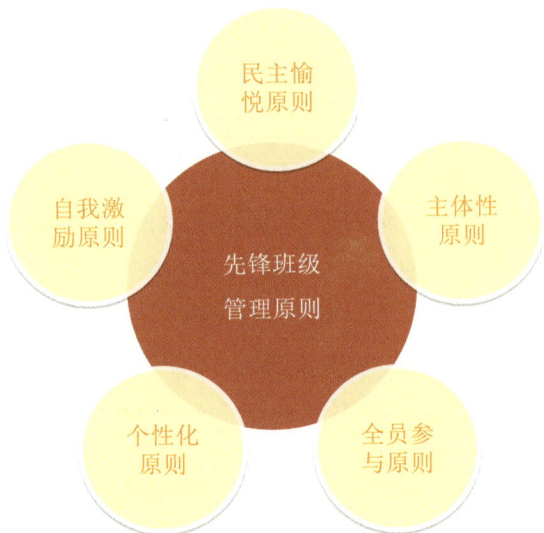

图 5-1　先锋班级管理原则

是被管理者，在班级集体中都有具体的责任要求，增强了学生的小主人意识和责任感。第四，个性化原则是指在班级管理中尊重人的个性。根据学生的个性差异，提供不同的帮助，使其在集体交往中得到不同程度的发展。第五，自我激励原则是指学生在班级管理中，学会自我评价、自我调节，不断激励，始终保持积极主动的状态。

班务全员化管理模式实施内容具体为：

1. 创设岗位，自愿上岗

各班根据实际的班务内容，创设不同类型的岗位，学生根据自己的能力和兴趣选择岗位进行竞聘（如前文所述）。

2. 建立监督评议机制

设置层级管理。每个类别的班级岗位设立一个负责班干，管理相应岗位学生的工作情况。班级每周召开民主评议会，由班干部汇报各自管理工作情况，然后由同学一一进行评议。在每周评价的基础上，每个岗位的学生，总评每累积五个优即可获得一颗星，列榜公布，设立诸如"先锋少年"，给予表扬奖励。通过这样的监督和评议机制，人人都是班级的管理者，对班级都负有一定的责任，既管理别人，又被别人管理；既评议别人，又被别人评议。由此以加强学生的小主人意识和集体荣誉感。

班务全员化管理模式把全班学生置于同一起跑线上参与班级管理，竞争具有公平性，避免了由班主任指定干部造成的主观、片面，以及由此使学生产生的不公平感和逆反心理。人人都是管理者，人人都是被管理者，被管理者会对管理者多一分理解和支持，进而产生较为融洽的心理氛围和群策群力、团结合作的人际关系。在这种自我管理中，每一位学生的参与能力、组织能力、管理能力都得到大幅度的提高，班级管理与素质教育有机地融为一体，为学生将来步入社会打下良好的基础。

先锋小学班务管理细则

桌椅：桌椅有序摆放，横竖都要对齐。保持桌面整洁，不能乱涂乱画。

书包：统一放储物柜，书本、学具按学科分袋装好，课前准备好相应课本、学具，上课期间不准到储物柜翻找书本或学习用品（如果是拉杆书包无法放入储物柜可建议拆掉拉杆，也可以把拉杆书包放在书桌的下面，或者是换个小点的书包）。

雨伞：雨伞统一挂在雨伞架上并摆放整齐。

拖把：每班 3 ~ 4 个拖把。低年级统一把拖把晾在厕所的拖把架上，中、高年级统一把拖把放在东梯转角的位置。

衣服：不能挂在凳子的靠背上，也不要放在桌面，要求叠整齐放进抽屉。

饭盒袋：挂在课桌侧面的挂钩上。

水瓶：喝完水后，水瓶不得摆放在桌面或地面，可放进饭盒袋，也可以放进抽屉里。

垃圾桶：分类回收，每天倒垃圾，可回收物每周五由少先队大队部进行回收。

四、先锋班级文化案例

励志崇德　勇当先锋[1]

——广州市番禺区市桥先锋小学"励志"班

广州市番禺区，文教鼎盛，享有"文化之乡"的美誉。在独特的岭南文化滋养下，这片热土孕育出了一颗颗璀璨的明珠，先锋小学便是其中之一。近百年来，先锋小学几迁校址，几易校名，历尽坎坷，弦歌不辍，成为区域内颇具影响力的特色学校。秉持"敢为人先，追求卓越"的精神，培养了一批批勇于开拓、敢为人先、不甘人后、追求卓越的时代新人。在先锋文化的浸润下，"励志班"在成长中蜕变，形成了自己独特的班级文化。

（一）特色班级定位

"励志"出自汉班固《白虎通·谏诤》："励志忘生，为君不避丧生。"意思是奋志，集中心思致力于某种事业。这正是学校育人理念"敢

---

[1] 此案例由先锋小学陈锦花老师、林佳旋老师提供。

为人先，锋从砺出"的生动体现。在励志教育理念下，创建一个以人为本、尚志崇德、心怀家国、领潮争先的班集体。通过开展内容丰富、形式多样的活动，培养德才兼备、阳光开朗的学生，为学生的成功喝彩，为学生将来成为一个励志崇德、自强不息的栋梁之材奠定基础。

（二）班级发展理念

励志价值观：以人为本、励志崇德、心怀天下、领潮争先。

班训：一言一行树道德，一点一滴写人生。

班级口号：彩虹风雨后，成功细节中。

班风：自律、自信、自强（向学　立志　崇德）。

学风：勤学、乐学、善学（学先　争先　当先）。

班级目标：做自律自信自强的个人，创守纪团结进取的班级（步步争先，不甘人后，积极向上，立志今天做最好的自己，明日当各界的先锋）。

（三）特色班级环境——励志育人，润物无声

班级环境建设以"励志"为原则，既富有儿童情趣，又体现积极向上的精神追求。

教室门口悬挂对联："梅花香自苦寒来，宝剑锋从磨砺出。"门口的"励志班"的班牌上有班级口号、班主任寄语以及 52 位活泼上进、个性张扬的学生的全家福；走廊里挂着"感动校园十大先锋人物"的榜样事迹，无处不彰显着"励志班"昂扬向上的班级风貌。教室两边的墙上是"争当励志小先锋"栏目，展示班级文化活动中的优秀学生与事迹。讲台前的书柜，摆满了琳琅满目的中英文图书。教室墙壁有序张贴和悬挂了中英文名言、经典诗词、学生语数英三科作品，兼顾内容和形式，使学生在潜移默化中受到启迪。一盆盆观赏绿植更为教室增添了生机，增添了学生的生活情趣，使班级真正成为学生的精神家园。

在班级文化建设中，班主任让学生充分参与其中。征求学生意见，共同制定班级公约，共同参与教室环境布置，以"我最喜欢的班级一角""我是班级设计师"等为主题，通过班会课讨论、写建议书等形式，让学生成为班级文化建设的主人。

（四）特色班级活动 —— 实践励志，知行合一

以班级发展目标为引领，通过开展丰富多彩的班级特色活动，营造健康向上、和而不同的班级文化。

一是开展中外经典阅读活动。以"扎稳中国根，放眼全世界"为理念，让学生亲近书籍，与好书为友，与中外经典对话，培养学生的品格。活动形式有诗歌鉴赏与朗诵会，读书漂流，制作手抄报，评选阅读之星、书香家庭，读后感作文比赛，亲子阅读，等等。通过这些活动，学生对阅读产生了浓厚的兴趣，也逐渐提升了中英文阅读、朗读、写作等能力。此外，同学们自己制作了中英文手抄报装点教室的文化墙。

二是开展系列班队课程。为使学生从小树立远大的志向，"励志班"开展了以理想信念教育、意志磨砺为重点的系列班会课程。根据时间节点，在4月重点组织"缅怀革命先烈，继承革命遗志"主题活动；班队课上，通过品读《赵尚志传》，开展赵尚志故事分享会、读书交流会、读书卡制作比赛等系列活动深化学生对赵尚志精神品质的领悟。在7、8、10月，分别结合建党节、建军节、国庆节等节庆日，安排"我向国旗敬礼"等主题班队活动，对学生进行爱国主义熏陶；在十九大召开后，开展"肩挑责任，学做主人"的主题班队会等。系列化的主题班会陶冶了学生的道德情操，坚定了学生的信念，树立了正确的价值观。

三是开展特色轮滑活动。背靠学校教育品牌，把轮滑教育融入班级教育特色，把轮滑的磨砺精神注入班级文化，成为每一位学生的教育精神。"励志班"承继校园文化特色，发展学生轮滑特长。在校园轮滑比赛中，"励志班"获年级第一名。多名学生参加2019年全国少年轮滑锦标赛花样轮滑队列滑获亚军，参加2019年广东省自由式轮滑锦标赛少年组获轮舞B组亚军、少年组拉龙季军。多名轮滑健将应邀参加新春文化展演等活动。轮滑运动塑造了学生蓬勃向上的朝气、坚忍不拔的品格。

四是开展实践体验活动。"体验是最好的教育，磨砺是最好的人生体验"，"励志班"开展"班务全员化"，一人一岗，各司其职，各负

其责，引导学生自觉践行规范，培养自我管理能力。班级设立了植物角，每人认领一盆植物，并为自己的绿植设计好养护名片，在与绿植的亲密接触中学会呵护生命。在学校组织的各类活动，如庆"六一"云会演主题活动、"小舞台·大梦想"红领巾展示秀、红领巾跳蚤市场等，都可以看到"励志班"学生活跃的身影。学生在实践中锻炼，在锻炼中成长，秀出了不一样的精彩。

社会是一本立体的教科书，班主任组织学生走进社会，如参加春/秋季研学实践活动、清明祭扫活动，参加各类公益演出、垃圾分类、环保种植、社团活动、慰问联欢等公益服务活动，培养学生学会担当、关爱他人、服务社会的责任感。

（五）协同共育——家校联动，助力成长

教育要走出校门，走向社会，家校协同才能增强教育的效能。除了家长会和电访，QQ 班群是"励志班"家校合作的重要阵地。教师在班群分享教学中的心得与日常，家长也常在班群与各科教师进行互动，营造了和谐协作、轻松愉快的氛围。学校开放日邀请家长到校观摩，鼓励家长参加护安护畅队的工作，定期开展丰富多彩的亲子体验活动，使家长对学生的校园生活有更多的了解，不断增进亲子感情。

（六）班级荣誉——雏鹰展翅，彩虹初现

在班级尚志崇德教育氛围的熏陶下，学生们发奋进取，取得了一个又一个的荣誉。"励志班"连续多年都被评为学校先进班集体。学生兴趣广泛，参加各级各类比赛屡获佳绩。据不完全统计，学生近两年获奖80 余项。这沉甸甸的荣誉见证着"励志班"每位学生的成长。

先锋者，步步争先，锋从砺出。"励志班"将自强不息、砥砺前行，为党育人、为国育才，努力成就每一位学生最精彩的童年。

先锋小链接

先锋小学学生在校一日行为规范（试行稿）

【总则】

　　学校依据《小学生守则》《小学生日常行为规范》制定《先锋小学学生在校一日行为规范》。为培养学生良好的生活习惯、学习习惯，坚持教育与管理、自律与他律相结合的原则，不断完善学生日常学习与生活的准则，以教育为先导，以制度为保证，以检查督促为抓手，以行为训练为基础，以习惯的内化与养成为目标，从基础小事抓起，切实提高学生的文明水平，进而形成良好的校风。

【到校规范】

　　时间：早上7：50～8：10，下午2：10～2：30。有序进校、不太早到校、不迟到（疫情防控原因，实施错峰上、下学，根据具体情况而定）。

　　衣着：衣着整齐，按要求佩戴红领巾、校卡，统一穿好校服。

　　礼仪：进校主动向教师、保安叔叔和同学问好。

　　交作业：仔细核对，不缺交、漏交。每班科代表在第一节课上课前把作业收齐交给任课教师。

【上课规范】

　　课前准备：课前准备好书本、学具并统一摆放。第一声铃响后，立即有秩序地进入教室，在座位上坐好安静等候教师。

　　听课：尊重任课教师、学会倾听、发言先举手，不随便插嘴。做到"眼到、口到、心到"，勤于思考，回答问题声音响亮，仪态大方。

　　小组学习：积极参与小组合作学习，敢于发表见解，善于倾听同学发言，互相学习，共同进步。

　　写字：注意读写姿势，做到一拳、一尺、一寸。

　　作业：每天按时预习、复习。认真完成作业，书写整洁、字迹端正，主动订正作业中的错题，不抄袭他人作业。

【课间规范】

同学之间友好相处，说话和气，不讲粗言，不打架，人人会用"请""对不起""没关系""谢谢"等礼貌用语。

走廊：课间休息时注意安全，不追逐打闹、不大声喧哗，不做危险的游戏。

楼梯：上下楼梯靠右行走（不跳级、不跨级），主动礼让他人先行，前后保持2级距离。

操场：离开教室要关灯关风扇。在操场上活动时，不践踏学校绿化，不攀爬学校一切设施及树木。

办公楼：不到办公楼玩耍，不影响老师正常办公。有事到办公室要轻声慢步，先报告，经教师允许后再进入。

【升旗及两操规范】

集队：听到进行曲迅速集队，做到快、静、齐。进退场步伐整齐，做到"两两对齐"，安静有序。

升旗：尊敬国旗，参加升旗仪式全体肃立，高唱国歌。

早操：做操时听从指挥，动作规范，精神抖擞，整齐有力。

眼操：每天按要求做眼保健操，动作规范，穴位、节拍要准确，养成保护视力的好习惯。

【早、午餐及午休规范】

准备：有序排队打饭（早餐），并对分饭老师（阿姨）说"谢谢"。

用餐：不说话，不离开自己的座位，文明用餐，不浪费粮食。不带零食、饮料和其他食品回校。

午休：中午用餐完毕后看书或做作业，不说话，不打扰别人。在教师指定时间趴在桌子上安静午休，如要上厕所轻声慢步。

【卫生规范】

仪表：穿着干净整洁，勤剪指甲勤洗手。不烫发、染发，不穿奇装异服。

讲卫生：保护环境清洁，垃圾要分类投放，见到地面有垃圾要主动捡起来。能按时认真完成每周的清洁轮值任务。

饮水：要自带杯到饮水处饮水，不浪费水，保持饮水机卫生清洁。

公共财物：爱护学校公共财物，不在桌椅和墙壁乱涂乱画。将阅读完的书籍摆放整齐，用完清洁工具统一摆放在洁具柜，不能随意乱放。

厕所卫生：不随地小便，不在厕所乱涂乱画，上完厕所要冲水、洗手。不浪费厕纸和洗手液。

【离校规范】

教室：收拾书包不拖拉，保持地面干净、桌椅整齐、讲台整洁，关好门窗。

下楼：领队举好牌子，紧跟队伍不推挤、不打闹。没经允许不随便留在教室。出校门主动和老师说再见。

离校：在家长等候区安静等候家长，没有见到家长不擅自离校。

【惩处】

对犯错严重且屡教不改的学生，视情节轻重，分别给予警告、记过处分，并记入学生学籍档案。

本着以教育为宗旨的原则，被处分学生以半年为期，若改正错误，可撤销其处分。

【附录】

小学生行为规范守则歌谣

红领巾，胸前飘，小学生们进学校。

按时上学不迟到，见到师长问声好。

上课铃响进教室，学习用品摆放齐。

静坐端正专心听，踊跃发言多动脑。

校内走路要轻巧，上下楼梯向右靠。

课间休息不喧哗，走廊过道不追逐。

集合出操快静齐，行走有序队整齐。

升旗仪式要严肃，每天两操要做好。

吃饭守纪要排队，节约粮食不浪费。

菜渣剩骨不乱倒，午休安静睡得香。

用完水后关龙头，爱护公物不乱画。

垃圾分类投放好，用完物品要归位。

排队放学不打闹，离校门窗要关牢。

五、先锋少年风采

年度感动校园十大先锋人物（学生篇）选登

（一）2018 年度感动校园十大先锋人物：范楚倩

【先锋故事】

2006 年，当第一缕阳光照射在番禺英东体育场上，人们都会看到袁志强教练带着三个"小屁孩"在跑楼梯、做拉伸、练动作。一缕晨光穿过云层照在一位小女孩泌着汗珠的小脸庞上，特别漂亮！她就是市桥先锋小学三年级学生范楚倩。

你看，一个小动作，重复了千万次。摔倒了，爬起来；再摔，咬咬牙，再爬起来，小楚倩也记不清摔了多少次了。眼泪不争气地滑落，一擦眼泪，一咬牙，又爬起来……

日复一日，年复一年，风雨不改。

2009 年 9 月 26 日的下午，浙江海宁正在举行世界轮滑锦标赛，比赛已接近尾声了。中国代表团的教练团里，教练们眉毛紧锁。多少代中国轮滑教练的努力、多少代中国轮滑教练的期待，渴望获得一枚金牌来证明中国轮滑！比赛最后的一个项目是速滑马拉松赛，这个项目一直都不是中国队的强项，因为这一项目太考验队员的耐力与意志了。"呼！"枪声响起，一条"飞龙"鱼贯而出，15 岁的范楚倩夹在"飞龙"之中。1 000 米、2 000 米、3 000 米……楚倩一点一点地往前挪。原本不抱什么希望的中国教练团们惊讶地发现，在冲刺的第一梯队中，有一位中国队员——范楚倩！100 米、50 米、10 米、2 米，楚倩与另一选手并肩飞来！1 米……千钧一发，楚倩做出了一个意想不到的高难度冲刺动作，全力猛伸右脚，一个训练了千次的动作……赢了，赢了！现场掌声与欢呼声爆发、汗水与泪水齐飞！

多少代中国轮滑人的期待、多少代中国轮滑人的梦想！一个日子——2009年9月26日，一个名字——范楚倩，掀开了中国轮滑的新纪元！

推荐人：蔡汉棠校长

【颁奖词】

吾乃世之先锋！你用实际行动，演绎了先锋人的刚强意志、不甘人后的优秀传统；你用一个又一个的冠军，印证了先锋学子领潮争先、锋从砺出、卓尔不凡、争当第一的个性品质。你的精神引领了先锋轮滑，也引领了中国轮滑，更激励着一代又一代先锋人的成长。

（二）2018年度感动校园先十大锋人物：罗××

【先锋故事】

每个人的爱好都不一样，罗××从小就酷爱轮滑运动。她喜欢在运动场上疾风驰骋，那种感觉就像一只飞燕"嗖"地一下掠过。是那么的轻盈，那么的自信。

这只快乐的小燕子平常在训练空档很喜欢听师兄师姐们讲述赛场上竞争激烈的故事，不时流露出羡慕、崇拜的眼神。还记得2016年底，罗××的比赛经验还是很少。在选派学生参加省赛的前夕，袁教练说："给个机会让罗××去参加省赛，让她增加比赛经验，学习一下，拓宽视野。"

得到这么好的机会，罗××高兴极了，赛前加倍努力训练。训练中一次次的跌倒、爬起、跌倒、爬起……她没有丝毫想放弃的念头，仍然每天坚持训练。

终于到了省赛那天，赛场上到处都是运动员，参加轮滑比赛的就有500多人，高手如云。罗××穿着小轮子鞋咬紧牙关，既兴奋又紧张，检录时她的手一直在发抖。妈妈一边安抚她的情绪："我们来吸取经验，你尽力去完成就算成功了。加油啊！"另一边心里也暗暗担心，毕竟她真的缺乏比赛经验。"呼"，枪声响起，六个赛道的运动员们一起往前冲，争先恐后。突然"叭"的一声，罗××被对手绊倒了。吓得大家心都快跳出来了，心想这下可能把她也吓倒了。谁知道她一摔倒马上爬起来了，一鼓作气往前追。那两条腿就像装了发条一样使劲地蹬，不断向前疾驰而飞。很快，她超越了一名同组对手，不断地向前冲，又超越了一名对手。此时到处都响起了掌声、赞叹声。这一轮她以前三名跨过终点线，大家都为她欢呼。队友们都到出口拥抱她，觉得罗××当时的年纪比较小，比赛经验也缺乏，有这么顽强的拼劲，实在难得。那天，罗××参赛三个项目，居然在众多高手中收获了两项前五、一项前八的好成绩。

有了这次经验，罗××更加努力训练了，无论春夏秋冬，日复一日在训练场上挥汗如雨。在不断的训练中，她吸收了大量轮滑要领，在训练场上经过千万次疾风飞驰，轮滑技术不断提升。2017年，罗××在轮滑各项比赛中收获很多奖状，还在区赛中获得两枚金牌，一尝冠军滋味。

2018年，罗××每天仍然坚持日夜艰辛训练，为2018全国赛备战，希望以扎实的基础，迎战7月份的全国赛。

推荐人：范俊斌老师（轮滑教师）

【颁奖词】

童年在梦想中酝酿，梦想在校园中发芽！你努力拼搏，忘记寒暑，用绚烂的激情之火去点燃梦想，流血了不叫疼；流泪了，往肚子里咽。你相信一份汗水一分收获，努力付出就一定有回报。这就是小小年纪在省轮滑比赛中收获两项前五、一项前八名的骄人成绩的罗××同学。

（三）2019年度感动校园先锋人物：董××

【先锋故事】

你是先锋小学2019届毕业生，是广东广播电视台TVS4南方小记者新闻小主播、小记者。

走上主持这一条路，在外人看来是精彩万分的，但背后所要付出的努力却是常人难以想象的。都说"台上一分钟，台下十年功"，你忍受着寂寞和枯燥，学习发音、词语停顿起伏、表情、动作、口型、站姿等主持基本功。在你拍摄主持节目时，还常常需要忍耐高温、寒风，一次次不厌其烦地拍摄，仅仅为了带给观众最唯美的画面。正是因为你如此执着的追求，先后在国家、省、市获得艺术类大小荣誉多达80多项。

推荐人：林绿苗老师（大队辅导员）

【颁奖词】

广东广播电视台 TVS4 南方小记者新闻小主播、人间剧场豆瓣天使音乐剧团的主唱、广州市梵星悦演艺公司的才艺代言人董××，你在童年的舞台上，凭借着自信，谱出了炫目的光彩。

（四）2019 年度感动校园十大先锋人物：赵 ××

【先锋故事】

赵××2010 年入读先锋小学一年级（1）班，2016 年毕业，现就读于广州市艺术学校中国舞专业。在先锋小学读书时，每次考试，你的成绩总在班上名列前茅。你在第三届少年中国星才艺大赛中获得了"全国总冠军"的荣誉。2018 年获得中国舞蹈家协会社会艺术水平考级八级。如今的你，正在积极为 2019 年的专业考试而努力筹备着。你从没有停下锻炼自己、向上攀登的脚步。不忘初心，方得始终。坚持最初的梦想，是你如今依然不懈前行的动力。

推荐人：陈莉老师（舞蹈老师）

【颁奖词】

舞台上，你舞姿灵动，绽放馨香。你点燃了艺术的灯，心灵深处舞出美妙人生，于蓬勃生命中展现艺术真纯。你以行动向我们证明了一个事实：心有执意，梦想不绝。

（五）2019 年度感动校园十大先锋人物：黄 ××

【先锋故事】

你是三年级（4）班的"领头羊"，学习上，你严以律己，勤奋好学，上课认真听讲，积极回答老师的课堂提问。你成绩优秀，在日常学习中，努力帮助同学解决学习中的各种问题，深得老师和同学的喜爱。

小小年纪的你，爱好广泛，喜欢跳舞、唱歌、书法、演讲、画画，积极参加各种赛事，努力展现自我。操场上、舞蹈室都曾留下你辛勤的汗水。通过不懈的努力，你不仅获得了优秀的成绩和老师同学的认可，还收获了许多的荣誉。坚强、自信的你从没有停下攀登的脚步，成为最好的自己一直是你坚定不移的信念。

推荐人：谢展瑜老师（班主任）

【颁奖词】

灯光流泻，却依然徜徉书海；成绩优秀，却依然谦虚谨慎。管理班级，始终任劳任怨。你的勤奋好学为同学们树立了先锋榜样，你的乐于助人诠释了少年先锋的真正内涵。

（六）2019 年度感动校园先锋人物：梁 ×

【先锋故事】

2017 年 12 月，你加入了校轮滑队。你的梦想是成为轮滑界的天之骄子。为了实现这个目标，不管严寒酷暑还是刮风下雨，每天早上 6 点 30 分跟袁教练到体育场进行跑步训练，晚上在轮滑场上进行 200 圈高强度训练，对于这些，你从未喊过一声苦。

宝剑锋从磨砺出，梅花香自苦寒来，你获得了 2019 年全国中学生轮滑锦标赛暨全国小学生轮滑训练营 500 米争先赛男子 A 组第一名。你为实现轮滑梦而不懈努力，砥砺前行，誓做先锋少年，少年先锋。

推荐人：江共维老师（轮滑教师）

【颁奖词】

轮滑场上，你努力拼搏，用绚烂的激情之火去点燃梦想。你用一个又一个的冠军，阐述着先锋冠军精神。

（七）2019 年度感动校园先锋人物：卢 ××

【先锋故事】

自小多才学，平生志气高！你多才多艺、活力四射、阳光自信，是六（2）中队的中队长、少先队大队部副大队长。你有大局意识，处处以集体利益为重，全心全意为同学服务，凡事身先士卒，并且毫无怨言。

你总喜欢用自己的方式探索世界，在空余的时间总会情不自禁地捧起书本，是个名副其实的"小书虫"，也是班里的"百事通"，同学们在学习上、生活上遇到难题时都喜欢请教你。你还积极参加校内外组织的各种培训和活动，且成绩显著。你展现了当代少先队员活力向上、奋发有为的风采！

推荐人：陈锦花老师（德育主任）

【颁奖词】

天行健，君子以自强不息；地势坤，君子以厚德载物。你用一颗真挚的心带领市桥先锋小学少先队大队部成为番禺区示范大队部，诠释尽职尽责服务的大队委风范。

（八）2019年度感动校园十大先锋人物：叶××

【先锋故事】

你成绩优秀，与人为善，是一名品学兼优的学生。你积极参加各项体育运动，是跑步和轮滑能手。2019年9月的全国中学生轮滑锦标赛暨全国小学生轮滑训练营，你获得一金两银的好成绩，载誉而归。

在整整一年的集训里，每天天还没亮，你就独自到体育场参加体能训练；放学时又能在操场上看到你参加技能训练的身影，天黑了都还听到袁教练拿着计时器在计时：还有89圈、85圈……锋从砺出，你是我们优秀的先锋少年。

推荐人：范俊斌老师（轮滑教师）

【颁奖词】

没有最快，只有更快；没有最强，只有更强。你用轮滑阐述一个全国冠军的自信，你用执着展示先锋少年的风采。

学校大事记（2016—2021 年）

2016 年 ◆

4 月 8 日 ● 举办第一届红领巾慈善跳蚤市场活动，正式揭开"广州市金融理财知识教学实验学校"的研究。

4 月 14 日 ● 承办珠三角地区英语分级阅读体系标准研制展示活动，来自北京的陈则航博士、马欣老师等专家做专题讲座，我校英语老师上示范课。北京、成都、深圳、韶关等各地教研员、老师 500 多人参加了活动，广受好评。

5 月 4 日 ● 由蔡汉棠校长主讲的"先锋家长学堂"正式开讲。

7 月 15 日 ● 公开招聘轮滑专任教师范俊斌负责学校轮滑教学，成为先锋小学第一个轮滑专任教师，为今后推进先锋轮滑专业化教育、普及化教学提供了必要的条件。

9 月 2 日 ● 被评为番禺区民俗文化"三堂凤舞"传承单位。

2017 年 ◆

2 月 22 日 ● 由蔡汉棠校长主持的访谈活动"先锋大讲堂"第二讲："世界冠军回母校"开讲。邀请先锋小学学子、中国第一个轮滑世界冠军范楚倩回母校登坛讲学。蔡汉棠校长由此提炼出先锋小学的"冠军精神"。

4 月 21 日 ● 蔡汉棠校长带队到增城区派潭镇第一小学高浦分教点进行"手拉手"帮扶工作。

9 月 15 日 ● 先锋教育特色校园文化物象化工程验收，先锋教育环境隐性课程第一期工程完工，促进了校园诗意化。

10 月 17 日 ● 通过"广东省依法治校示范校"评估，获专家高度评价。

10 月 17— ● 组织全校学生进行第一期军训，传承先锋红色教育基因。
20 日

10 月 30 日 ● 成功申报番禺区特色学校，蔡汉棠校长正式系统地提出先锋教育特色理念体系，确立先锋小学品牌发展之路。

11 月 15 日 ● 第一次以独立名义组队参加广东省轮滑锦标赛，获儿童 B 组第三名、幼儿组第八名；走上了广东省竞技平台，提出以竞技促质量提升，实施先锋小学轮滑"准专业培养"的思路，全力打造"先锋轮滑"品牌。

12 月 10 日 ● 组队参加番禺区轮滑锦标赛，获小学组 A 组团体总分第一名，B 组团体总分第一名，C 组团体总分第二名，重新树立轮滑项目的区域优势。

2018 年 ◆

4 月 24 日 ● 舞蹈《白云红太阳》获广州市第三届"羊城学校美育节"舞蹈大赛决赛一等奖。

5 月 30 日 ● 组织第一届"市桥先锋小学年度感动校园十大先锋人物"评选，弘扬先锋榜样教育。

8 月 2 日 ● 六年级学生赵 × × 获少年中国星才艺大赛全国总决赛少儿组冠军。

10月13日 ● 以先锋小学独立名义参加广东省自由式轮滑锦标赛，获得少年B组拉龙项目总决赛冠军，是先锋小学史上第一个轮滑集体奖冠军。

12月18日 ● "'百年先锋　冠军精神'先锋小学文化德育三年规划实施方案"获番禺区文化德育实验学校第一名，学校在新一轮番禺区教育改革中勇立潮头；蔡汉棠校长申报的"文化德育背景下的小学生理财体验式课程实践与探索"获番禺区第一届文化德育优秀项目一等奖。

2019 年 ◆

3月29日 ● 举办先锋小学轮滑运动会，恢复了停办多年的轮滑专项校运会。

9月20日 ● 通过并获得"广州市安全文明学校"称号。

9月20— ● 以独立名义参加在浙江丽水主办的中国中学生轮滑锦标赛
22日 暨全国小学生轮滑训练营，一"战"成名，被冠以"红色旋风"之名，以六冠、六亚等成绩，勇夺全国小学组团体总分第一名，再一次在全国平台上，阐述先锋冠军精神。这是先锋小学轮滑项目第一个全国集体性冠军奖项。

10月28日 ● 少先队大队部获番禺区模范大队称号

11月7日 ● 以独立名义举办番禺区第四期文化德育成果展示现场会，第一次提出"以课程实施为抓手"的主张，获得全体与会者的高度评价。

12月23日 ● 国家体育总局社会体育指导中心轮滑部张娜主任、广东省社会体育中心王长远副部长、广东省轮滑运动协会秘书长曾思慧一行应学校邀请，到学校指导轮滑教育工作。张主任对先锋轮滑教育给予了极高的评价，并欣然提下"轮星璀璨　冠军精神"的题词，以激励先锋学子不忘初心，继续前行。

2020 年 ◆

1 月 4—5 日 ● 以独立名义组队参加由中国体育总局主办的"2020 年中国（广州）少儿啦啦操精英赛"，夺得幼儿混合组花球规定动作项目冠军，并获得全国啦啦操委员会颁发的 CCA 国际啦啦操赛事派遣函，获得参加世锦赛资格。

1 月 8 日 ● 确立"轮滑项目优先"发展战略。

2—5 月 ● 全国人民共同抗击新冠肺炎疫情，学校停课不停学，实施线上教学。

9 月 21—24 日 ● 蔡汉棠校长响应全国号召，代表学校到贵州威宁进行线下扶贫工作。

9 月 23 日—10 月 1 日 ● 先锋小学"全国冰雪运动特色学校"在教育部官网进行公示，先锋轮滑重新站在全国舞台上。

10 月 13—16 日 ● 学校接待贵州毕节赫章县、威宁县共 12 名骨干教师到先锋小学跟岗学习。

10 月 19 日 ● 工会组织主题活动日，全体教师观看电影《夺冠》，感悟先锋冠军精神。

11 月 6 日 ● 党支部组织全体党员进行爱国主义教育主题党日活动，观看电影《金刚川》。
组织番禺道德与法治"三合一"专题研读会，邀请专家梁伟燕等名师到校指导。

11月25日 ● 组织与东沙小学、云星小学进行的"三校教研"活动，努力做好帮扶工作。

12月7日 ● 正式完成《先锋轮滑 冠军精神》画册的编撰，梳理先锋轮滑近三十年的发展史，提炼出先锋经验，为先锋轮滑品牌发展提供有价值的参考。

12月17日 ● 开展"先锋教师大学堂"活动，邀请广州市语文名教师皮涛到校做专题讲座，东沙小学、云星小学、横江民生小学等学校语文科教师应邀参加活动。

12月31日 ● 组织"全国冰雪运动特色学校"挂牌仪式，邀请了广东省冰雪运动协会相关领导，以及广东省轮滑运动协会曾思慧秘书长、广州市教育研究院钟卫东等领导参加仪式。

12月31日 ● 组织"书香艺术节"活动，首次采用线上直播与线下互动的形式开展，效果良好。

2021 年 ◆

1月6日 ● 蔡汉棠校长向广州市教育局提交申报先锋小学"百年老校"，并大力宣传先锋小学教育优秀传统。

2月22日 ● 举办形式多样的开学礼，并以"讲好先锋故事，传承红色基因"为主题，运用情景剧形式讲述"解放市桥"等革命往事。丰富的活动吸引了番禺融媒体的报道。

3月16日 ● 正式被广州市教育局授予"广州市百年老校"称号。

3月17日 ● 开展"先锋教师大学堂"，邀请原先锋小学教师曹利娟（曾任黄埔区教育局教研室教研员）回校讲座，并传承先锋优秀教研传统精神。活动还邀请了德兴小学、横江民生小学、南新小学等学校参与。

3 月 23 日 ● 中共先锋小学支部换届选举，选举产生新一届支委：蔡汉棠任支部书记，杨翠英任副书记，谢镜泉任组织委员，黄春媚任学习委员，范俊斌任青年委员。

3 月 29 日 ● 召开全体教职工大会。

4 月 1 日 ● 被番禺区教育局确定为"番禺区党史教育试点学校"。

4 月 28 日 ● 被评为"番禺区文明学校"。

5 月 12 日 ● 在东沙小学组织"三校联合教研"活动。

5 月 15 日 ● 林绿苗老师、江金晶老师带领本校学生到番禺区融媒体录制"讲红古"（讲述革命历史）节目。

5 月 19 日 ● 舞蹈节目《接力棒》获番禺区舞蹈大赛一等奖。

5 月 25 日 ● 承办市桥城区"童心向党 上品和声"合唱选拔赛，相关组织工作获与会专家及领导的一致高度评价。

9 月 1 日 ● 举办开学礼。组织校长思政第一课、安全教育第一课、防疫教育第一课、垃圾分类教育第一课、师德教育第一课。

9 月 27 日 ● 与广东省科学技术协会、广东科学中心开展馆校共建，邀请北京市飞行者航空科普促进中心的专家团队到校开展航空科普活动，活动得到区融媒体的全程报道。

9 月 27 日 ● 邀请广州市职工大学堂专家到校为全体教师开展健康养生知识讲座，关怀教师身心健康。

10 月 9 日 ● 党支部组织"学党史 观红影"主题党日活动，全体党员观看电影《长津湖》。

10 月 12 日 ● 参加番禺区办学绩效优秀校展示，获小学组一等奖。

10月22日 ● 开展班会课教研活动，市桥城区各学校派出代表参加，活动获一致好评。

10月27日 ● 代表番禺区接受广东省公安厅、广州市公安局等部门的联合安全工作检查，获高度评价。

11月5日 ● 由广州市体育局、广东省轮滑运动协会主办，市桥先锋小学承办的"2021羊城运动汇·广州市第十七届体育节"之轮滑运动推广活动，在本校隆重举行。活动登上了《人民日报》，先锋小学为推广轮滑运动做出了应有的贡献。

11月6日 ● 合唱队的作品《祖国在我的心窝里》代表番禺区参加广州市"童心向党"歌咏决赛获一等奖。节目全程在广东新闻台直播。

11月18日 ● 党支部组织全体党员进行"学党史·传承好家风"主题党日活动，参观学习番禺区好家风教育基地余荫山房。

12月8日 ● 由本校主办，市桥东沙小学、云星小学，贵州金沙县桂花乡中心小学、赫章县野马川镇东城实验小学等联合协办的教研活动，采用线上、线下相结合的方式，成功举办。

12月10日 ● 组织开展第十七届科技节，邀请广东科学中心协办，为学生提供最新科技创新成果展示。

12月17日 ● 组织"冬奥有我"冬季运动会，声援中国北京冬奥会。

12月30日 ● 首次采用线上形式举办"书香艺术节"，效果喜人。

后记

　　"我们今天所做的不一定是最好的，但一定是对后来者具有重要价值的。"撰写此书之目的，在于总结笔者在任期内主要做的事，留下这段先锋小学发展的足印，为后来者留下一个参考，也为大家留下一段珍贵的记忆，为先锋小学可持续发展完成一个使命。

　　百年先锋，冠军精神。作为先锋小学校长，在历代先锋人的传承下，笔者站在伟人的肩上，心中常怀敬畏，倍感压力，生怕有负大家所托，故时刻不敢松懈。虽不敢说鞠躬尽瘁，但也尽心尽力。在上级领导正确指引下、大家的帮助下，这几年完成了以下工作：整理了半部先锋校史，架构了半个先锋教育特色，发展了一个轮滑品牌；形成了一些文字资料与搜集了一些档案物件，建成了一个校史室。关于先锋校史，因个人水平有限，未能全面、完整地整理出规范的先锋小学办学史，很多细节仍有待进一步考究，仍需要先锋人一代一代地补充、修正。关于所架构的半个先锋教育特色，是在传承先锋校长留下的先锋教育"精神财富"中，经过近几年的不断思考与论证，逐渐形成了先锋教育特色理念体系，并在文化领域、课程领域等进行了一些实施，取得一定的效果。但在先锋小学办学历史中，仅是一家之陋见，不足以确立先锋小学办学的品性，仍需后来者不断修正。关于发展一个轮滑品牌，近几年，笔者大胆提出了"冠军精神"、确立"以冠军培育冠军的准专业化培养""以竞技促教学质量发展"等主张，推进本校轮滑项目的全面普及，以及把原单一的速滑项目发展到项目全覆盖，以一个又一个的冠军阐释"冠军精神"，以优秀的竞技成绩，获得了"全国校园冰雪运动特色学校""广州市轮滑特色学校"称号，让"先锋轮滑"成为全国有名的品牌，成为先锋人的骄傲。

　　收笔之际，衷心感谢身边的同事，如一起打造先锋小学文化德育校本活动课程的陈锦花主任、林绿苗老师；共同整理先锋校史的番禺区档案局郭展耀先生、番禺区文化馆朱光文先生；印证校史的李淑仪老校长、黄润森老校长等；共同打造先锋轮滑的谢绮荷老师、"轮滑冠军"范俊斌老师。他们为本书的撰写，提供了诸多帮助。因个人水平有限，多有错漏之处，望大家多多赐教。

蔡汉棠

2021 年 10 月

群星璀璨
勇争先锋

原重庆车桥雷锋小学，字里行间创佳绩，
在雷锋小学名师工作室的引领头，
更进一家！

国家体育总局社会体育指导中心 沈和明
于2019年12月24日，参观雷锋山学后。

万争先　敢当先

辞从师去　追求卓越

今天做最好的自己明日当

各界的先锋　　将争精神　汉棠题

龟山开路遇水搭桥

我们今天所做的不一定最

好但对后来者一定具有重要

价值　　先行者精神　汉棠题